Las mejores excursiones
Valle de Benasque

RAFEL VIDALLER

AF174324

COLECCIÓN
PIRINEOS PASO A PASO

ECOS
TRAVEL BOOKS

*Ta Antxon Burcio, per les
buenes estones que ben pasá
chuntos per istes montañes de
Benás, in memoriam.*

SUMARIO

3

INTRODUCCIÓN

El Valle de Benasque -la Vall de Benás-, reúne las más altas montañas del Pirineo, los macizos de la Maladeta, Llardana o Perdiguero que han subyugado a los viajeros a lo largo de los tiempos. Impresionantes vertientes que reflejan los numerosos lagos que descansan bajo cada circo glaciar, creando paisajes de una belleza que corta el aliento. A sus pies, prados de montaña, bosques, ríos, aguas que bajan en cascadas que multiplican las vistas en rincones sorprendentes. Y bajo los paisajes, el paisanaje, las gentes que han modelado la indómita naturaleza de la alta montaña pirenaica siglo a siglo, milenio a milenio, con sus ganados, cultivos, caminos y comercio. Gentes que acumularon una sabiduría especializada fácil de reconocer en la arquitectura popular de cada pueblo y aldea y, si entramos en los lugares adecuados, en una gastronomía que ha pasado el alambique de lo posible unido al buen gusto.

En este libro proponemos una serie de excursiones sencillas para recorrer despacio, con los ojos de la cara y el alma abiertos, senderos que nos permitan levantar la vista - correr es de cobardes - y apreciar una inconmensurable obra de arte, la montaña benasquesa. La cascada de Aiguallut bajo el Aneto, la Maladeta en las aguas de Gorgutes, los saltos de agua entre los árboles del Botánico, el idílico valle de Estós, la sorprendente montaña caliza de Cotiella, el potente circo que rodea el ibón de Llosás, las cascadas de Sarllé, Gorgues Galantes, Alba, Espigantosa, las maravillas de Batisielles y Escarpinosa...

Impresionantes vertientes que reflejan los numerosos lagos que descansan al pie de cada circo glaciar, creando paisajes de una belleza que corta el aliento.

Y los pueblos, pequeños todos, donde admirar la parte habitada de los valles, degustar la gastronomía pirenaica y apreciar los detalles de una arquitectura que habla del clima, de los recursos limitados sabiamente aprovechados y de iglesias modestas pero que traen los ecos del medievo y de una historia apasionante.

Todo esto en un paisaje habitado por una fauna y una flora particulares, resultado de cientos de miles de años de evolución, de avances y retrocesos de los hielos, de migraciones entre el ártico y el mediterráneo. Una fauna que se dejará observar si sabemos recorrer el paisaje de manera respetuosa y atenta, sarrios, marmotas, quebrantahuesos y mil especies de flores de montaña que podremos llevarnos en la memoria y la fotografía. Si lo disfrutan, volverán a casa más sabios.

1 Portillón de Benás

DISTANCIA: 11,5 km.
DESNIVEL: 723 m.
TIEMPO: 3 h 30 min.
RECORRIDO: ruta circular entre praderas que nos acerca al mejor mirador del macizo de la Maladeta por el camino histórico que durante siglos ha unido ambas vertientes de la cordillera.
LLEGAR AL PUNTO DE INICIO: Aparcamiento del vado del Pllan de la Sarra. Salir de Benasque en dirección a Cerler, Baños y Hospital de Benasque. Tras 11 km tomar un desvío que por pista asfaltada va al Hospital o Espital de Benás y a la Besurta. La seguiremos 1,6 km hasta el aparcamiento.

Panorámica de la Maladeta y el Aneto desde el Portillón

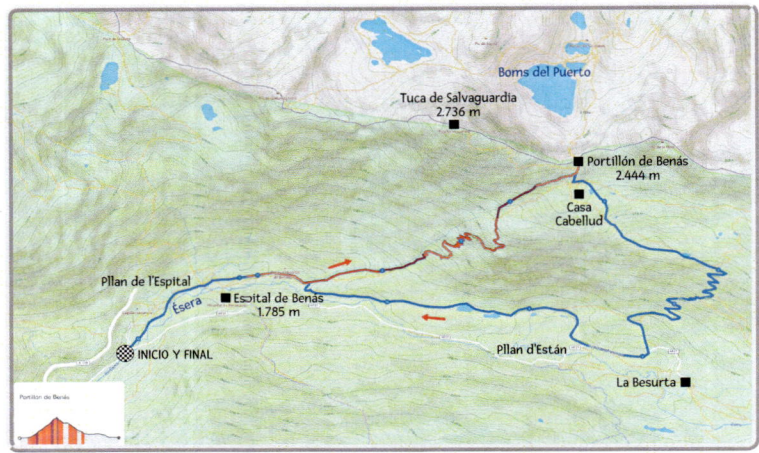

El Portillón de Benás es un paso clásico entre Benás y Luchon, en Francia, paso fronterizo abierto en el siglo XIV. La panorámica sobre la Maladeta y el Aneto alcanzó justa fama con el auge de la ciudad balneario de Luchon, desde donde subían los turistas durante los siglos XIX y XX para admirar sus vistas. La subida desde el Espital de Benás u Hospital de Benasque, que marca el inicio del sendero, era tan frecuentada que antaño y en invierno, el responsable del Espital debía dejar altos palos marcándola para que la gente pudiera pasar cuando el camino estuviera cubierto por la nieve. Comerciantes, trabajadores e incluso peregrinos, como señala la existencia de sendos hospitales a ambos lados de la frontera o la capilla y puente de San Chaime (Santiago), en las proximidades de Benasque. En verano es un sendero cómodo y agradable.

Aneto desde la bajada del Portillón

Para salir deberemos ir primero hacia el Espital de Benás/Hospital de Benasque, siguiendo la carretera general del valle. Tras unos 13 km llegamos al aparcamiento del Vado del Pllan de la Sarra. En verano está cerrado el tráfico en este punto, del cual salen autobuses hacia la Besurta. Si el camino forestal está cerrado en la carretera general A-139 por afluencia de coches, se puede continuar hasta el final de la carretera y bajar hacia el edificio del hospital por las praderas.

A la izquierda del vado que hay junto al aparcamiento, nace un camino que corre por la margen derecha del río Ésera (a nuestra izquierda según vamos). A los 10 min pasa junto al Espital de Benás, que está en la otra orilla (hotel, restaurante, bar). Nuestra senda sigue llaneando por la pradera.

Paso de la Peña Bllanca

Al final del Pllan de l'Espital el camino se bifurca, a la izquierda sube hacia el Portillón de Benás y Tuca de Salvaguardia, a la derecha por el pinar, a la Besurta y Aiguallut. Tomaremos el sendero de la izquierda remontando el valle por prados hasta que llegamos a un collado espacioso, la Colladeta d'es Aranesos (40 min, 1896 m). A nuestra izquierda tenemos la Peña Bllanca, alto promontorio de claras calizas, que remontaremos en zigzag.

Torcemos para ello a la izquierda por las praderas, buscando las lazadas del viejo camino. Tomamos altura acercándonos a un ancho paso picado en la caliza. Justo antes del paso el sendero está deshecho unos pocos metros. Tras el paso (1 h 10 min) la senda sigue subiendo a la izquierda para introducirse en una vallonada herbosa que se dirige al Portillón. El paisaje se abre antes del Portillón y nuestra senda se une a otra que viene desde el este (1h 40 min, 2360 m). 10 min mas de subida y llegamos al Portillón de Benás, paso número 332 de la frontera franco-española (de oeste a este). Al otro lado se ven los Boms del Puerto, lagos por los que pasa el camino de bajada al Espitau u Hospital francés y a Luchon.

Portillón y Salvaguardia desde les Basetes del Portillón

Desde la izquierda del Portillón parte un camino a la cercana Tuca de Salvaguardia. 45 min por una senda muy marcada, pero aérea y que hay que andar con cuidado. La vista desde la cumbre es inmejorable.

Para bajar es recomendable hacerlo por el camino que acaba junto a la Besurta. El Portillón está situado en el extremo de una amplia llanura alargada. Hasta la otra punta - Este - baja un camino muy marcado. Llegado al borde de la faja la senda desciende en amplios y anchos zigzag hasta llegar a la pista forestal de la Besurta. Es importante no tomar atajos, pues erosionan la ladera y encauzan el agua de las tormentas. Una vez abajo, a la izquierda a 300 m está el final de la pista, subiendo un poco. Allí, en verano, hay un servicio de autobuses que nos puede retornar al vado del que salimos. También podemos bajar a nuestra derecha, primero por la pista asfaltada, más tarde por el sendero que recorre el llano de debajo - Pllan d'Están - por la derecha, siguiendo las marcas amarillas y blancas.

Tras el llano sube un poco, atraviesa otra pradera más estrecha y entre pinos llega de nuevo al Pllan de l'Espital.

Al Este y cerca del Portillón, que pasa a Francia, está el Puerto de la Picada por el que se accede a la Val d'Arán, valle gascón administrativamente catalán.

Bagnères de Luchon, en occitano Banhèras de Luishon, es la ciudad balneario que se asienta al otro lado del Portillon de Benás y que se puede ver desde la Tuca de Salvaguardia. Estación termal milenaria conocida como la Reina de los Pirineos, cuenta con un cuidado casco urbano flanqueado por bellos edificios - 10 clasificados como monumentos históricos - y bonitos jardines. Alcanzó notoriedad como balneario en los siglos XVIII y XIX, viviendo con intensidad el nacimiento del pirineismo. En 1850 se creó allí la Compañía de Guías de la Maladeta, protagonista de la conquista de las más altas cimas pirenaicas, las de Benasque. Accedían para ello por el Portillón de Benás. Un benasqués, Francisco Cabellud, aprovechó el tráfico montañero para levantar en 1867 un refugio junto al Portillón donde ofrecía albergue (y champagne) a los nobles turistas. Todavía se pueden ver los restos de los edificios. Por ello, a menudo la Tuca de Salvaguardia se denomina Tuca de Cabellud.

Step Further, Moab On

The outdoors are calling.
Out here be free.
See who we are.
Always striving further with each step.
Here we don't just hike.
We Moab On.

MERRELL

2 Forau d'Aiguallut

DISTANCIA: 4,3 km desde La Besurta, 12 km desde aparcamiento.

DESNIVEL: 245 m desde La Besurta, 483 m desde el aparcamiento.

TIEMPO: 1 h 30 m desde La Besurta, 3h 30 min desde el aparcamiento.

RECORRIDO: ruta circular a uno de los paisajes más celebrados del valle, a los pies del Aneto.

LLEGAR AL PUNTO DE INICIO:

Aparcamiento del vado del Pllan de la Sarra. Salir de Benasque en dirección Cerler y tras 11 km tomar un desvío que por asfalto va al Hospital de Benás y la Besurta. A 1,6 km se llega al aparcamiento. En verano hay autobuses a La Besurta desde el aparcamiento (*www.aragon.es*).

Ibón Alto de Villamuerta

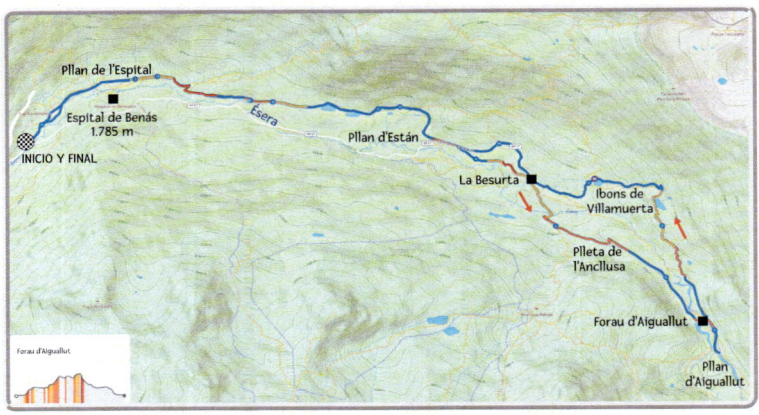

El Forau d'Aiguallut es una excursión clásica del Pirineo aragonés, pasa por los llanos del fondo del valle hasta los pies del Aneto, donde el río se despeña por una torca, el Forau, desapareciendo. Se propone un recorrido circular que pasa por los ibons de Villamuerta, saliendo bien desde el aparcamiento del vado o desde La Besurta. La diferencia son 2 h (subida y bajada) por los llanos o pllans del Espital y d'Están, a través de unos paisajes magníficos que yendo en autobús no se aprecian bien. En el caso de que queramos acortar la excursión al máximo, podemos ir de La Besurta a Aiguallut en 40 minutos.

Si el camino forestal del Hospital / Espital está cerrado en la carretera general A-139 por afluencia de coches, se puede continuar hasta el final de la carretera y bajar hacia el edificio del Espital/Hospital por las praderas.

Pllan d'Están bajo la Maladeta

En todo caso, a la izquierda del vado que hay junto al aparcamiento, nace un camino que corre por la margen derecha del río Ésera (a nuestra izquierda según vamos). A los 10 min pasa junto al Espital de Benás, en la otra orilla (hotel, restaurante, bar). Nuestra senda sigue llaneando por la pradera sin cruzar el río.

Al final del Pllan de l'Espital el camino se bifurca, a la izquierda sube hacia el Portillón de Benás y Tuca de Salvaguardia, a la derecha a La Besurta y Aiguallut. Subimos a la derecha entre pinos hasta el Pllan d'Están, siguiéndo el valle. Hay 2 llanos, el primero en ocasiones se inunda formando un gran lago. Al comienzo del segundo hay una pequeña cabaña. Al final del Pllan d'Están subiremos una cuesta que nos deja en La Besurta, punto final del camino forestal (1 h), bien por la pista bien por el antiguo sendero.

Pllan d'Aiguallut desde el camino a Villamuerta

Cruzaremos un arroyo, para salir del aparcamiento por el sendero que indica Forau d'Aiguallut y Renclusa. Baja unos metros y sube hacia la derecha. Un poco más allá cruza un torrente seco y toma altura. Alcanzamos un desvío, el sendero de la derecha sube a la Renclusa (l'Ancllusa), el de la izquierda sigue el fondo del valle por un rellano, la Plleta de l'Ancllusa. Subimos a la izquierda, atravesamos una pedriza y alcanzamos un collado que nos permite acceder a las praderas del Pllan d'Abaixo d'Aiguallut. Al final del mismo está el Forau d'Aiguallut.

Al Pllan d'Alto d'Aiguallut se llega rodeando el Forau por nuestra izquierda. La vuelta proponemos hacerla por los Ibons de Villamuerta; en el Pllan d'Abaixo cruzamos a la derecha para tomar un sendero que sube unos 70 m de desnivel ladeando hasta llegar al Ibón Alto de Villamuerta. De allí se baja al Ibón Baixo de Villamuerta siguiendo la ladera por la derecha una vez pasado el Ibón Alto, o por la izquierda del cauce que sale del lago para llegar al barranco que une ambos ibons. Del Ibón Baixo a La Besurta no queda sino un corto paseo. Si estamos fatigados, podemos tomar el autobús de vuelta al aparcamiento del Vado.

Se denomina ibons, en aragonés, a los lagos de montaña y a un tipo de manantiales. Los ibons se suelen formar tras la retirada de los hielos que cubrían los circos glaciares en las cabeceras de los valles.

El Forau d'Aiguallut es una torca de 80 m de diámetro y 30 m de profundidad producida por el hundimiento de una cavidad subterránea. A pesar de que la Maladeta es un macizo granítico, en esta zona cruza una banda caliza devónica (400 millones de años). La caliza sufre un efecto de karstificación, de disolución de la roca por reacción química con el contacto con el agua, reacción reforzada en el caso de aguas frías como las que bajan de estas alturas. Se crean así grutas y cavidades subterráneas por las que corre el agua para salir en surgencias más allá. En el caso del Forau d'Aiguallut, el agua de los glaciares del Aneto, Barrancs, Salenques y los neveros del Mulleres salen en los Uelhs deth Joeu, en la vecina Val d'Arán, unos 400 m de desnivel más abajo y más de 3 km al NE. Estas aguas alimentan al río Garona que desemboca en el Atlántico, a diferencia de las aguas del Ésera que lo hacen en el Mediterráneo (el granito no se karstifica, es "impermeable").

RECYCLE

VAUDE

Los materiales reciclados contribuyen a la protección del clima

Men's Scopi 2,5L LW Jacket
Chubasquero de montaña para hombre

3 Ibón de Gorgutes y puerto de La Glera

DISTANCIA: 2,85 km de ida.
DESNIVEL: 586 m.
TIEMPO: 1 h 40 min.
RECORRIDO: ruta sencilla y cómoda a un ibón con buenas vistas.
PUNTO DE INICIO: al final de la carretera que sale de Benasque hacia la frontera, la A-139, a 13 km.

Ibón de Gorgutes con la Maladeta al fondo

Uno de los antiguos caminos que llevaban de Benás a Luchon, en la vecina Francia, es el que pasa por los Ibons de la Montañeta, el Ibón de Gorgutes y acaba en el puerto de la Glera. Un sendero que asciende entre pastos con buenas vistas del valle. Fue el paso principal entre los reinos de Aragón y Francia hasta que se picó el camino del Portillón. Estuvo a punto de convertirse en carretera en el siglo XIX. Todavía hay un paso más antiguo, el Puerto Viello o dels Caballs, al Este del de la Glera.

Montaña de Gorgutes

Del mismo final de la carretera nace el sendero entre pastos y pinos, ascendiendo hacia el norte. Al poco pasa por un pequeño collado tras el que traza unas lazadas hacia la izquierda tomando altura. Sin cambiar de rumbo hacia el norte, pasamos los últimos pinos y remontamos en dirección del barranco de Gorgutes. Lo cruzaremos a unos 2100 m de altitud, a la entrada de un amplio circo herboso. Cruzar el barranco en primavera o comienzos de verano puede obligarnos a buscar el paso siguiendo el cauce aguas arriba, aunque no suele ser problemático. Si queremos evitarlo con antelación, hay un sendero que sube desde el Pllan de l'Espital, por la ribera izquierda del barranco.

Ibons de Gorgutes y de la Montañeta

Un vez cruzado, en la ladera de enfrente distinguiremos la senda que la cruza en diagonal hacia la derecha por la llamada Solana de Gorgutes. Al cabo de la diagonal tras un par de lazadas gira a la izquierda para remontar por una loma. A nuestra derecha, escondido tras el inicio de la loma, descansa el Ibón de la Montañeta o de la Solana de Gorgutes, al que podemos acercarnos.

El camino en todo caso sigue subiendo por la loma hacia la izquierda, tomando altura hasta salir a un collado, el Turonet de Gorgutes, sobre el Ibón de Gorgutes (1 h 15 min, 2312 m). Desde la loma se va abriendo un buen paisaje con la Maladeta y La Vall hacia el sureste y el valle central hasta la Sierra de Chía hacia el sur.

El camino bordea el ibón por nuestra derecha y llega en unos 15 min al puerto de La Glera, en el límite de Francia y Aragón. Si subimos por las pendientes herbosas de la izquierda y nos asomamos a la cresta obtendremos una excelente vista del lado francés, que en el

Gorgutes es un buen lugar para ver marmotas, animales diurnos a los que gusta tomar el sol. En invierno hibernan, para lo que deben acabar el otoño con buenas reservas de grasa. Su peor enemigo son los perros sueltos.

mismo puerto queda algo oculto: Bagnéres de Luchon o Banheras de Luishon, la ciudad balneario del lado francés, y las pistas de esquí de Superbagnéres, sobre ella, a la izquierda. Todavía podemos alargar más la excursión: a la izquierda - Este - del puerto está la Tuca de Sacroux, un pico fronterizo de 2668 m cercano aunque algo exigente. Seguimos el valle por trazas de sendero y algunas rocas hasta el fondo para acceder al collado que queda a la izquierda del pico, desde allí, por una inclinada pendiente se alcanza la tuca en algo menos de 1 hora desde el puerto. La vista hacia la Maladeta se amplía y se descubre la montaña francesa.

Desde el puerto de La Glera el camino francés desciende en lazadas 500 m de desnivel hasta el Cirque de la Glère donde se bifurca, a la izquierda sube el Col de Sacroux para pasar al Col de Pinata y al valle de Lis.

Ibón de Gorgutes con la Tuca de Sacroux detrás

A la derecha se puede bajar directamente hacia Luchon o, por el Camino de la Emperatriz que recorre llaneando durante un par de horas un impresionante abetal, llegar al Espitau de Banheras, el alojamiento correspondiente del Espital de Benás al otro lado de la frontera. En el Espitau nace la senda que sube al Portillón de Benás. Nos permite pues hacer una ruta circular en unas 9 ó 10 horas y con un desnivel acumulado de unos 1700 m. Si nos vemos con fuerzas para realizarla debemos calcular bien las horas y tener cuidado de que no haya "gorguera" en el puerto. La gorguera es la niebla que pasa desde el norte por los collados fronterizos; si es un día con gorguera, en el lado francés la visibilidad es nula (y en Gorgutes también).

Un viejo camino

El puerto de La Glera o de Gorgutes tiene una larga historia. Con noticias desde el siglo XII, tuvo un notable tráfico de mercancías, en especial de lanas. Era obligación de los hospitaleros clavar jalones de 240 cm para guiar a quienes lo atravesaran nevado. En tiempos de confrontaciones sin embargo la preocupación era defender el acceso. A finales del siglo XVIII un enviado del rey, informaba sobre los pasos fronterizos: "*Desde el valle de Benasque al de Luchon hay tres pasos que son, el puerto de los franceses o Nuevo: es transitable para caballerías y se puede defender con gran facilidad especialmente cuando los inviernos. Este puerto le dura la nieve más que al de los Araneses, y así solo se transita después de junio [...]. El otro puerto que da al valle de Luchon se llama Gorguter o Viejo. Va a Bañeras, es de muy fácil defensa como el anterior; dura la nieve como el otro. El 3º es el de los Caballos...*"

HUESCA
LA MAGIA
NO VENGAS A
HUESCA, NO...

4 Vall d'Estós

DISTANCIA: 12 km.
DESNIVEL: 591 m.
TIEMPO: 4 h 45 min.
RECORRIDO: ruta circular, que también se puede hacer lineal por la pista forestal. Desde el final, en El Tormo, hasta el refugio de Estós hay 40 min más y 150 m de desnivel
PUNTO DE INICIO: aparcamiento de Estós. Hay que seguir la carretera A-139 al norte de Benás, y a los 4 km, tras cruzar el río Ésera por el Puen de San Chaime, una pista a la izquierda da acceso al valle.

Vall d'Estós y Plleta del Tormo

30

La Vall d'Estós es uno de los principales valles de Benás. Valle abierto, muy agradable, con bosques variados de hayas, pinos y abetos, amplias praderas y altas montañas de más de 3000 m de altitud. La pista forestal que lo recorre acaba en la Plleta y Cabana del Tormo, desde allí siguiendo las marcas rojiblancas del GR-11 podemos llegar al refugio de Estós, refugio guardado donde se puede comer y dormir (conviene llamar antes). En este recorrido sin embargo nos quedaremos en el Tormo para descender por la ribera izquierda trazando un recorrido circular.

Para comenzar a andar debemos ir hasta la entrada del valle. Siguiendo la carretera general A-139 al norte de Benás, a 4'1 km. de la entrada de Benás. Al fondo del aparcamiento, junto a restos de barracones, un corto sendero a la derecha nos deja en la pista forestal que vamos a recorrer a la ida. Al comienzo bordea, encajonada entre la montaña y el agua, el embalse de Estós. Pasado el estrecho, al

31

cabo de un cuarto de hora la Palanca de l'Aiguacari nos permite cruzar el río Otro cuarto de hora y andaremos por un valle abierto entre bosques y prados, junto a la pista está la Cabana de Santa Ana, a la derecha sobresale del paisaje la mole de la Tuca del Perdiguero, de 3221 m de altitud.

> Una "palanca", palabra proveniente del griego, designa en aragonés a un tronco recto y largo como los usados para construir los puentes de madera. Un bosque de buenos troncos es un palancar o palangar.

Pasada la Cabana un sendero se desvía en busca del río, hasta la Palanca de Santa Ana, donde cruza de nuevo el cauce. Por ese camino volveremos si hacemos el recorrido circular. Nuestra ruta de momento sigue por la pista que al rato se vuelve más umbrosa bajo las hayas. Pasaremos junto a una fuente, la Fuen de Corones.

Sigue una zona despejada de bosque, con el desvío a Batisielles, a la izquierda, punto de partida para subir al valle de Batisielles, de gran belleza. Seguimos por la derecha sin cambiar de rumbo paseando bajo los árboles. Una ligera bajada nos acerca a la Aigüeta de Batisielles, el río que baja de los ibons de Batsielles, Perramó y Escarpinosa.

Las hayas dejan paso a los pinos y a los abetos. En la Comangarsía los prados dan un respiro al bosque y anuncian un modesto cambio en la pendiente.

Estós junto al refugio del Cantal

Llevamos sobre 1 h 30 min de camino y pasamos frente a las cascadas de Les Gorgues Galantes por las que se despeña el río Estós, una senda nos permite acercarnos y disfrutar de los miradores sobre la corriente, para volver a la pista más adelante. Vistas Les Gorgues Galantes, la pista nos deja en la Plleta del Tormo, donde se abre el valle a una zona de praderas. Al fondo de la Plleta se haya otro refugio pastoril, la Cabana del Tormo, donde acaba el camino forestal que llevábamos (1 h 45 min, 1761 m).

El recorrido circular cruza el río junto a la Cabana y vuelve por la otra ribera. Si queremos acercarnos hasta el refugio, sin cruzar el río, pasaremos por la izquierda de la Cabana y seguiremos por senda los prados hacia el fondo.

El Molsero desde la Cabana del Tormo

A los pocos minutos encontraremos otro puente que sí cruzaremos, la Palanca de La Trabinada Berdié. La senda sigue junto al río por la otra orilla y a los pocos metros marca un zigzag. Proseguiremos paralelos al río valle adentro, entre bosques y prados. A los 25 min del Tormo el camino marca otra lazada en Les Marradetes de'l Cantal y sale en vista del refugio de Estós o del Cantal. Solo resta cruzar la pradera - la Plleta del Cantal - y subir al refugio, a 40 min de la Plleta del Tormo.

Si nos volvemos desde el Tormo, cruzaremos el río por el puente, la Palanca del Tormo, y atravesaremos la pradera en sentido contrario al que hemos subido, tomando altura paulatinamente. Sobre la pradera veremos los restos de unas edificaciones que en tiempo albergaron un destacamento militar. Tras ellas la pradera llanea por una vallonada; más adelante desciende y nosotros con ella.

Refugio del Cantal o de Estós

Dejaremos a la derecha un pequeño refugio, la Cabana de la Coma y buscaremos el sendero que se interna en el bosque descendiendo paralelos a la ribera. En primavera o comienzos del verano hay trozos de camino que aprovecha el agua de fuentes y barranquillos para discurrir, con lo que hay que ir esquivándola. El bosque se abre y se ve la Cabana de Santa Ana abajo en la ribera, para bajar hasta allí la senda traza un par de lazadas, llega a la Palanca de Santa Ana y sube a la pista por la que hemos andado al comienzo. Queda continuarla hasta la entrada del valle.

Los bosques de Benasque

Los bosques del valle varían según su exposición y altitud. En general están compuestas por especies de flora eurosiberiana, bosques húmedos y frescos que se distribuyen por el centro de Europa y Asia.

Al sur, en la zona del Turbón, dominan los pinares de pino silvestre con musgo, en el centro del valle dan paso a las *selvas*, como la Selva d'Ansils, bosques mixtos de caducifolias: robles, tilos, arces, serbales, abedules, sauces, etc. Con algún abedular o *albarosa*, como en Bilanoba.

Al norte de Benás las partes bajas del valle las ocupan hayedos, abetales y masas mixtas, y sobre estas *fabosas*, abetosas y selvas encontramos los pinares negros.

El pino negro crece entre los 1500 y 2600 m de altitud, y a partir de 1800 es el único árbol capaz de crear bosques. En Vallibierna está el bosque más alto de la Península, y en Estós el árbol que vive a mayor altitud, a 2830 m. La especie es exclusiva del Pirineo y del Sistema Ibérico.

CAMPING - BUNGALOWS

UN MUNDO DE
NATURALEZA

EXPERIENCIAS SIN LÍMITES

22467 – Sesué – Valle de Benasque (Huesca)
T. 974 553 004
camping@arnaldet.com

www.arnaldet.com

5 Ibón de Llosás

DISTANCIA: 10 km la ruta circular, 7 km ida y vuelta por el mismo camino.
DESNIVEL: 721 m circular, 530 m ida y vuelta.
TIEMPO: 3 h 45 min circular, 3 h ida y vuelta.
RECORRIDO: ruta circular por los ibons de Llosás y Vallibierna. Se puede acortar llegando en un recorrido lineal al Ibón de Llosás.
PUNTO DE INICIO: refugio de Corones, al final de la pista forestal de Vallibierna. La pista nace en Senarta, por la carretera A-139. Tras el embalse de Paso Nuevo, a 6,4 km de Benás, a la derecha cruzando el río. En verano hay autobuses para acceder *(www.aragon.es)*.

Plleta de Llosás

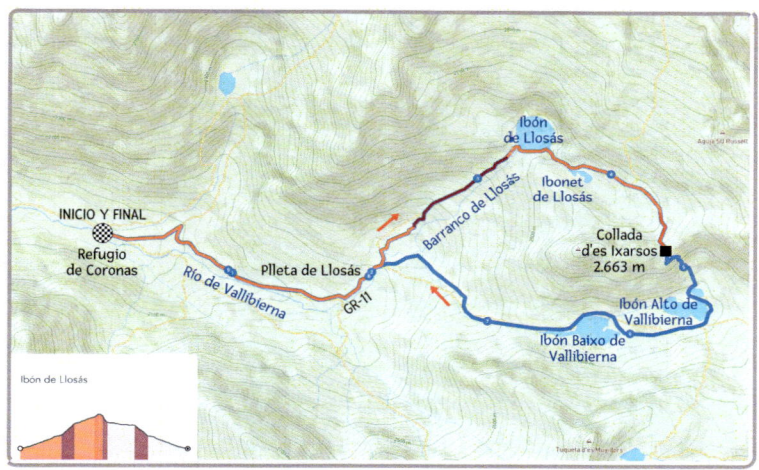

Vallibierna es un estrecho valle que recorre la vertiente sur del macizo de la Maladeta. Nace en dos circos, el de Corones y el de Vallibierna, que a su vez se divide en otros dos, el de Llosás y el de Vallibierna. En la cabecera de todos ellos descansan lagos, entre los que destaca el Ibón de Llosás, cerrado por la Tuca del Aneto, casi mil metros de desnivel más arriba del lago. Para quien quiera completar la ruta, se propone pasar por un collado, la Collada d'es Ixarsos, y bajar por los Ibons de Vallibierna.

La senda, ancha al comienzo pues fue un antiguo camino forestal, asciende a la izquierda del río. Al final del llano de Corones hay una bifurcación, a la izquierda se sube al valle de Corones, a la derecha y sobre el río principal, a Llosás y, siguiendo el camino GR-11, al vecino valle de Llauset, en la montaña del pueblo de Aneto (que no es lo mismo que el pico, que recibió su nombre de la población, la más cercana a la cúspide del Pirineo).

Ibón de Llosás

A la media hora pasa por prados escalonados entre pinos negros. El último de esta serie de prados se alcanza a los 35 min, la Plleta de Llosás. Es un gran circo de fondo llano por el que serpentea el río. A la Plleta llegan dos cauces, el de nuestra izquierda baja de Llosás, el de nuestra derecha de los Ibons de Vallibierna por donde volveremos si hacemos el recorrido circular.

Estamos a 2200 m de altitud, quedan 280 más hasta Llosás. El Ibón de Llosás está en el circo superior de la izquierda. Para llegar rodearemos el llano por nuestra izquierda, evitando las zonas encharcadas que suelen formarse en la hierba. Iremos tomando altura para remontar la ladera en una subida más pronunciada de la que hemos llevado hasta ahora. En tres cuartos de hora se suele llegar al Ibón de Llosás, 1h 25 min desde el refugio de Corones.

Si queremos recorrer más lagos, bordearemos el ibón hacia la derecha para entrar en el pequeño valle que se abre a unos 200 m de la desembocadura. Subiendo por su ribera derecha (nuestra izquierda) llegaremos en pocos minutos al Ibonet de Llosás, seguiremos valle adentro para alcanzar

> **La GR-11 o Senda Pirenaica es un sendero de Gran Recorrido que cruza el Pirineo desde el Cantábrico al Mediterráneo a lo largo de más de 400 km. Está señalizada por marcas rojas y blancas.**
> **Información:**
> *https://travesiapirenaica.com*

el collado del fondo, la Collada d'es Ixarsos, a 2663 m de altitud. A nuestra espalda, mirando hacia Llosás, se erigen de derecha a izquierda, la Tuca d'el Cap de la Vall (3199 m), la Tuca de'l Cabo Barrancs (3251 m), la Tuca de Tempestats o Tuca Gran de Llosás (3289 m), la Esquena de l'Aneto (3345 m) y la Tuca de Aneto (3404 m). Frente a nosotros, al otro lado del collado y a nuestros pies se encuentran los ibons de Vallibierna. Toca descender girando algo a la izquierda siguiendo señales y rastros de camino para, una vez llegados abajo, pasar entre un pequeño ibón redondo y el Ibón Alto de Vallibierna.

Ibón Baixo de Vallibierna

Bordeando el lago grande por la izquierda buscaremos el sendero GR-11 que viene de la Collada de Vallibierna y pasa junto al ibón. Por esta nueva senda iremos valle abajo hasta el Ibón Baixo de Vallibierna. Lo rodearemos por la derecha y saldremos siguiendo el cauce del barranco. Conforme descendamos nos iremos acercando a la Plleta de Llosás, el llano con meandros por el que subimos al Ibón de Llosás. Una vez allí, solo resta continuar por el itinerario de ida para llegar hasta el inicio, en el refugio de Corones.

La Collada d'es Ixarsos se encuentra frente a la Collada de Vallibierna y a la Collada d'es Bucardos. Ixarso es el nombre benasqués del rebeco, más conocido por su nombre aragonés, sarrio. De hecho en los mapas aparece a menudo como Collada de los Sarrios. Los ixarsos son una especie de pequeña cabra salvaje de cuernos acabados en gancho. La especie - *Rupicapra pyrenaica* - es propia de los Picos de Europa, Pirineos y los Abruzzo italianos. El género *Rupicapra* solo tiene 2 especies, la otra es la gamuza, *Rupicapra rupicapra*, que habita desde los Alpes al Cáucaso.

Los bucardos o ercos, que por ambos nombres se conocen en aragonés y en Benás, son las cabras monteses (*Capra pyrenaica*). La subespecie del Pirineo se extinguió en el año 2000. La especie sin embargo es común en otras montañas de la Península, y está colonizando el Pirineo a raíz de introducciones en Francia y el Prepirineo, y por su expansión natural desde el Sistema Ibérico de Teruel.

6 Las tres cascadas

DISTANCIA: 6,8 km
DESNIVEL: 265 m.
TIEMPO: 2 h 15 min.
RECORRIDO: ruta circular desde el pueblo de Cerler, por praderas para pasar junto a tres cascadas que bajan desde la montaña de Ardonés. Cómodo paseo por sendas y pistas.
PUNTO DE INICIO: el pueblo de Cerler / Sarllé, desde el paseo o avenida de Ardonés.

Subida hacia las tres cascadas

La Ruta de las tres cascadas de Cerler o Sarllé, es un agradable paseo desde el casco urbano por los prados cercanos al pueblo, entre setos y praderas, para ver las cascadas que bajan de la montaña de Ardonés.

Llegados a Sarllé / Cerler, en el primer cruce dejaremos a la derecha la carretera que sube a las pistas de esquí, y continuaremos por la calle de la izquierda, el Paseo de Ardonés. Tras aparcar, subiremos por el Paseo y, antes de que trace una curva a la izquierda, tomaremos la calle de la derecha siguiendo las indicaciones a San Pedro y las tres cascadas. Seguiremos así adelante hacia la ermita de San Pedro, a un cuarto de hora de Sarllé, por un camino empedrado entre setos y árboles. Hay un merendero.

Ermita de San Pedro

El sendero atraviesa la ermita y continúa paralelo al barranco Remáscaro en una zona de pastos y, en ocasiones, sobre la ladera descarnada por la fuerza del agua. Cerca de la desembocadura del barranco Ardonés en el del Remáscaro, cruzaremos por un puente, dejando al sur el barranco Remáscaro que baja desde el Ampriu, donde se encuentra un sector de las pistas de esquí de Cerler. Continuamos ahora por la margen izquierda del barranco de Ardonés, por nuestra derecha según subimos y al este, al principio por pastos, después entre el cauce y algunos pinos.

Barranco de Ardonés

Más arriba un prado anticipa el cruce de una pista forestal, la senda continúa paralela sobre la pista y llega junto a un dique de contención que retiene los arrastres de tierra y piedras que descienden de la montaña. Tanto el barranco de Remáscaro como el de Ardonés tienen una gran capacidad erosiva, pues atraviesan zonas deforestadas con abundantes materiales sueltos, producto de la historia glaciar del terreno. De hecho, el pinar que se veía al otro lado del río antes de cruzar el barranco fue plantado a finales del siglo XX para sujetar el terreno y defenderlo de la erosión. A lo largo de la historia se han registrado grandes avenidas que han dañado tanto a Cerler como a Ansils / Anciles.

Estamos en El Bom. La senda continúa aguas arriba entre bosque y cauce en busca de las cascadas. La primera es la Cascada del Bom o de Ardonés, la más espectacular. Al otro lado, tras pasar por una pasarela, está la

Cascada del Bom o de Ardonés

Cascada del Cllotet, y ya de vuelta por la ribera derecha del barranco, la Cascada de la Mascarada, más modesta. La humedad que aportan los saltos de agua hace que el terreno pueda estar resbaladizo, por lo que deberemos prestar atención.

Los nombres de la Mascarada y el Remáscaro ("Mascarón" en los documentos antiguos, mascarar significa 'manchar, tiznar' en aragonés) aluden a las aguas turbias que arrastran en caso de tormenta. Un cllotet es un pequeño cllot, una hondonada; un bom

A comienzos del siglo XX la gente de Sarllé tenían que andar hasta Vallibierna, a más de 2 horas de camino, para traer leña de pino negro, debido a la intensa deforestación de la zona.

48

es una balsa pequeña pero honda, seguramente relacionada con la palabra ibón. En el occitano de la vecina Luchon, los Boums de Venasque son los ibones que hay al otro lado del Portillón de Benás. Todas estas cascadas descienden de Ardonés, valle al sur de la Serra Negra, una sierra compuesta por pizarras de relieve alomado y altitudes de hasta 2700 m que corre de NO a SE paralela y frente al macizo de la Maladeta, situado más al norte.

Cascada del Cllotet

La vuelta a Sarllé la realizamos sobre el barranco, llaneando al tiempo que se ahonda la ribera. Saldremos así a Paluenga, una zona de pastos y antiguos cultivos a 1750 m de altitud. Desde Paluenga descenderemos por la loma hasta cruzar el Barranco Alto y la acequia de Ardonés llegando a Sarllé / Cerler, por el Cabo'l Llugá, por su extremo norte. Entraremos por la calle de la Fuente hasta, cerca de la Iglesia, desembocar en la calle principal, la del Obispo. Siguiéndola saldremos al Paseo de Ardonés por las escuelas y el lavadero (el segundo que veremos).

Las minas de Sarllé

La Serra Negra, en cuyas laderas se encuentra Cerler, y por donde discurre el sendero de las tres cascadas, está compuesta por pizarras, una roca formada por finas placas oscuras muy apreciadas para hacer tejados. Entre las pizarras de esta sierra se encuentran piritas, mineral compuesto de azufre y hierro que cristaliza en unos curiosos cubos metálicos. En los años 30 del siglo XX una empresa minera obtuvo la concesión para explotar unas minas junto al pueblo de Sarllé, con un teleférico de 3 km que transportaba lo extraído hasta el fondo del valle, entre Grist - Eriste y Benás. Obtenían así ácido sulfúrico para fabricar superfosfatos. Como productos secundarios se obtuvieron cobre y oro, 18 gramos de oro por tonelada de pirita. Curiosamente el único oro que se ha encontrado con seguridad en el Pirineo. No fue la única mina de Sarllé, en el siglo XII junto a las pistas de esquí hubo una mina de plata, cuyos beneficios repartía el rey Alfonso II de Aragón entre los mineros, el señor y el propio rey.

7 Sendero botánico de las Fuens de Alba

DISTANCIA: 2,5 km.
DESNIVEL: 160 m.
TIEMPO: 1 h.
RECORRIDO: ruta cómoda entre bosques y cascadas siguiendo el Sendero botánico del Parque Natural Posets-Maladeta.
PUNTO DE INICIO: junto al camping de los Baños. Se llega por la carretera general del valle, 8,5 km al norte de Benás, hasta el desvío de los Baños de Benasque (Bañs de Benás). El camino asfaltado desciende al Pllan de Turpi. Justo ante de llegar al Hotel Turpi, sale la pista.

Sendero botánico en la zona alta

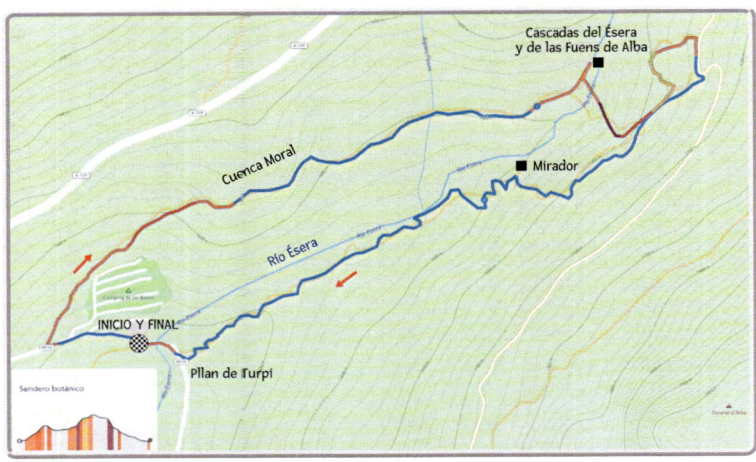

El Sendero botánico recorre un pequeño rincón del valle, el que se articula en la Cuenca Moral a ambos lados del río Ésera; es como un joyero donde brillan variadas formaciones boscosas y hermosos saltos de agua. Fue creado en los años 90 del pasado siglo por los Agentes para la Protección de la Naturaleza - agentes forestales - del Gobierno de Aragón, en los límites del Parque Natural Posets-Maladeta, en una zona entonces sin senderos salvo el que marcaban los pescadores junto al río. Se pretendía atenuar el impacto del turismo sobre el corazón del espacio natural, aprovechando además que en esta zona crecen los únicos tejos del valle.

El Sendero botánico de las Fuens de Alba o de la Cuenca Moral parte del Pllan de Turpi, el llano que hay bajo los Bañs de Benás, un antiguo balneario que domina desde el otro lado del valle. Comenzaremos a andar a 1550 m de altitud por la pista, pronto camino, que pasa por encima del camping entre árboles caducifolios y trozos de pradera. Allí se encuentran los primeros carteles que explican la vegetación del sendero. El camino asciende paralelo al valle hasta un rellano, collado, a 1615 m. Toca descender un poco por terreno abierto, la Cuenca Moral, y llanear entre pinos para cruzar el barranco que baja de Aigüespases por un puente de madera.

El tejo o teixo es conocido por su toxicidad, todo él es venenoso salvo los arilos rojos que envuelven las semillas. El zorro come el fruto entero, digiere los dulces arilos y expulsa las semillas tóxicas, favoreciendo su germinación.

Cascadas del Ésera y Alba

Tras pasarlo la senda se va acercando al río Ésera hasta que llega junto al cauce. Un desvío a la izquierda nos acerca a los miradores de las cascadas, y el camino de la derecha a un puente metálico que también sirve de mirador. En el cauce principal están las cascadas del Ésera a las que se une la cascada de las Fuens de Alba, una surgencia que nace 200 m más arriba. Las aguas provienen del valle de Alba, en la vertiente occidental de la Maladeta, se cuelan en la montaña a más de 2300 m de altitud, junto al Ibón de Alba, y salen 600 m más abajo sobre el Sendero botánico.

Bosque del Sendero botánico

Cruzamos por el puente a la otra ribera e iniciamos un ascenso pronunciado por un bosque de hayas. Al poco el camino gira a la izquierda al tiempo que modera la pendiente. Salimos del hayedo por un resalte rocoso a la izquierda. Nos acercamos al cauce de las Fuens de Alba y accedemos a la pista forestal que va del Espital a los Bañs de Benás. La seguiremos a la derecha unos pocos metros y en la curva nos adentraremos de nuevo en el bosque, ya de bajada.

De nuevo en el hayedo llegaremos al camino de subida, en vez de bajarlo llanearemos entre los árboles hasta el final del hayedo. La senda desciende entonces entre pinos hasta un mirador, a la derecha, que nos permite ver las cascadas de Aigüespases, al otro lado del valle y sobre la carretera. Retomamos la bajada hacia el río, junto al que el sendero se tranquiliza y sin apenas pendiente sale de nuevo al Pllan de Turpi por la ribera izquierda.

Cascadas de Aigüespases desde el mirador

Si nos hemos ido fijando en los carteles, habremos encontrado casi todas las especies de árboles y arbustos del valle: pino royo, pino negro, abeto, tejo, haya, serbal de cazadores, mostajo, tilo, abedul, arce, acebo, fresno, roble, saúco de montaña, boj, rododendro, arándano, grosella, majuelo, álamo temblón, avellano, olmo de montaña, sauce, cerezo, lantana, escaramujo, guillomo... Y si tenemos interés, sabremos algo de sus nombres locales en aragonés benasqués: pino, abete, teixo, abesurt, moixera, tellera, albá, asirón, areulo, freixe, queixigo, sauquero royo, buixo, farnusera, anayón, grixolera montesina, arto bllanco, trémol, avellanera, urmo, ixalenca, siresera, tintilaina, garrabera, corniera...

Tejo en el Sendero botánico

El Parque Natural Posets-Maladeta

El Parque Natural Posets-Maladeta se creó en 1994 sobre las cabeceras de los valles de Chistau, Benás y Barravés, agrupando las más altas cumbres del Pirineo, con la Tuca de Aneto (3404 m) y la de Llardana o Posets (3368 m) como máximos exponentes. Se extiende por 33267 has de montañas de granito, pizarras y calizas, modeladas por los glaciares a lo largo de los tiempos. Resisten algunos aparatos glaciares y cerca de 100 ibons o lagos de montaña. La flora - 1050 taxones - adquiere importancia por la cantidad de especies boreo-alpinas o artico-alpinas (10 %), endémicas (10%), propias de montañas alpinas y asiáticas (20%) y eurosiberianas (35%) formando un conjunto de gran valor.

La fauna atesora animales de interés, aves como el urogallo pirenaico, treparriscos, quebrantahuesos, perdiz nival o mochuelo boreal, propias de altas montañas. Sarrios, marmotas, martas, armiños y algún oso esporádico completan el ecosistema.

8 Ibons de Batisielles

DISTANCIA: 6,2 km.
DESNIVEL: 750 m.
TIEMPO: 2 h 15 min ida.
RECORRIDO: la excursión hasta el ibón de Escarpinosa es un clásico del senderismo en el Pirineo. Buen camino, no muy exigente, que se puede complementar con la visita a otros ibons o lagos.
PUNTO DE INICIO: aparcamiento de Estós. Seguir la carretera A-139 al norte de Benás, a los 4 km, tras pasar el camping Aneto y cruzar el río Ésera por el Puen de San Chaime, una pista a la izquierda nos da acceso a la entrada del valle.

Ibón de Escarpinosa

58

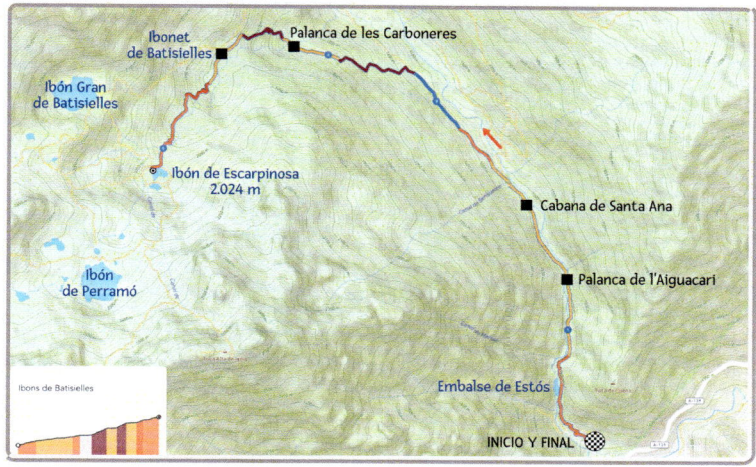

Batisielles es un valle secundario del de Estós, uno de los mejores rincones de la montaña benasquesa, zona de bosques y lagos bajo montañas erizadas. Un cómodo camino llega hasta el primer ibón, diminuto, entre bosques y praderas dominadas por las Agullas de Perramó. Desde este Ibonet de Batisielles se puede subir directamente al Ibón Gran o seguir al Ibón de Escarpinosa y más allá a los de Perramó. En este recorrido proponemos llegar al de Escarpinosa, pues es uno de los más bellos de Benás.

El inicio es el mismo de la Vall d'Estós. Siguiendo la carretera general A-139 al norte de Benás, tras pasar el Puen de S. Chaime sobre el río Ésera y a 4,1 km. de Benás. Al fondo del aparcamiento, junto a restos de barracones, un corto sendero a la derecha nos deja en la pista forestal que vamos a recorrer a la ida.

Valle de Batisielles desde el norte de Estós

Al comienzo bordea, encajonada entre la montaña y el agua, el embalse de Estós. Pasado el estrecho, al cabo de un cuarto de hora la Palanca de l'Aiguacari nos permite cruzar el río. Otro cuarto de hora y ya andamos por un valle abierto entre bosques y prados; junto a la pista está la Cabana de Santa Ana.

Siguiendo por la pista forestal, en una zona despejada de bosque, llegaremos al desvío a Batisielles, a la izquierda. Subiremos por la senda que va tomando altura entre el bosque. Al cabo de media hora cruza por puente de madera, la Palanca de les Carboneres, el río que desciende de los ibons. Les Carboneres recuerdan el viejo oficio de elaborar carbón a partir de la madera de estos bosques, un trabajo del que no queda siquiera recuerdo en la zona. La senda sube bien trazada por el bosque, apretándose el zigzag hasta que el camino se hace más cómodo y entramos en el llano del Ibonet de Batisielles. Se trata de un pequeño lago en una zona de praderas junto al que hay un refugio rústico (1h 45 min, 1880 m).

Ibonet de Batisielles

Desde aquí podemos tomar dos direcciones: al Ibón Gran de Batisielles o al Ibón de Escarpinosa. Para la primera hay que desviarse a la derecha por el sendero que aparece indicado junto al Ibonet. Va tomando altura por camino más despejado del que traíamos hasta que al cabo de 1 h llega al Ibón Gran de Batisielles, a 2216 m de altitud. El Ibón Gran, como su nombre indica es extenso y tiene una situación despejada sobre el valle que le aporta una sensación de mayor amplitud. Desde allí, saliendo por la desembocadura del lago, baja un sendero no muy claro que nos deja en el Ibón de Escarpinosa.

Ibón Gran de Batisielles

Si desde el Ibonet de Batisielles queremos ir al de Escarpinosa, una opción más cómoda y segura, seguiremos el camino que pasa por el borde del Ibonet hacia el fondo. Más allá llegaremos a otra pradera similar aunque algo más grande. La pasaremos igual con la misma dirección y ascenderemos por el camino que al final se introduce en el bosque.

Al cabo de unos 40 min de subir por el bosque, con el río más o menos cercano a nuestra izquierda, entraremos por una corta cuesta en la cuenca del Ibón de Escarpinosa (2h 15 min, 2024 m). Está arropado por los pinos negros, bajo la cascada que se despeña desde los Ibons de Perramó. Vale la pena rodear el ibón por nuestra derecha para situarnos enfrente. Desde allí cambia la vista, la lámina de agua se recoge entre rocas y pinos con la Tuca del Perdiguero, de 3221 m de altitud como magnífico telón de fondo.

Para la vuelta es importante tener cuidado en no tomar ningún atajo. Los atajos eliminan la vegetación y arrastran el suelo fértil, dejándolo desprotegido. Por allí se encauza el agua de las tormentas, ahondando la erosión. El agua toma fuerza con la pendiente y causa cada vez más daño al bosque. Además, el camino por el que hemos subido desaparece y es difícil de recuperar.

Los pinares negros son la casa del urogallo. Joya de nuestra fauna, necesita de absoluta tranquilidad para su supervivencia. Debemos recorrerlos en silencio y con las mascotas atadas.

Las truchas

A comienzos del siglo XX eran famosas las truchas de Batisielles, su aprovechamiento estaba regulado por el ayuntamiento de Benás que lo concedía a personas concretas, familias, que vivían de la pesca. La realizaban con redes - *filets* - extendidas con la ayuda de precarias balsas de troncos de pino, y con cañas de avellano cebadas con los saltamontes de la zona. En ocasiones, para degustarlas más frescas, se organizaron en los prados del ibonet grandes banquetes donde nobles y potentados subían para degustar truchas, sarrios y vinos envejecidos en las bodegas de Benás, servidos por camareras vestidas de blanco. O así lo contaban los últimos pescadores del valle.

Los ibones en principio no tienen truchas de manera natural, pero fueron repoblados por las gentes de la montaña a lo largo de los siglos como recurso alimenticio. Las autóctonas son truchas comunes de la variedad o genotipo mediterráneo.

9 Aigüeta de Grist

DISTANCIA: 3,5 km ida.
DESNIVEL: 600 m.
TIEMPO: 1 h 45 min, ida.
RECORRIDO: recorrido lineal hasta el refugio del Forcau o de Ángel Orús, base del ascenso a la Tuca de Llardana o Posets (3368 m). Paisaje de alta montaña pero de buen andar.
PUNTO DE INICIO: salida de Grist / Eriste hacia Benás, km 57,2 de la A-139. En sentido inverso, antes de cruzar el puente de la Aigüeta de Grist, sale la pista de 5 km y 400 m de desnivel (1 h 15 min andando). El aparcamiento al final es reducido. En verano se accede en bús. (*www.aragon.es*).

Refugio del Forcau, al fondo montañas de Sarllé

65

Refugio Ángel Orús
o del Forcau 2.100 m

Plleta de les Ribéres
1.835 m

Algüeta de Grist

Paset. de l'Oso

Cascada de Espigantosa

INICIO Y FINAL

Agüeta de Grist

La Vall de Grist es uno de los grandes valles de estas montañas, un valle abrupto de inclinadas laderas cubiertas en su zona baja por bosques de pino y abedul. La alta montaña es más abierta, con numerosos lagos excavados sobre el granito. Culmina en la Tuca de Llardana o Posets (3368 m), el segundo pico del Pirineo. Un buen camino llega hasta el refugio de Ángel Orús o del Forcau, guardado todo el año y con servicio de comidas. El refugio es una buena atalaya y base de excursiones clásicas como la ascensión a Llardana.

El camino forestal se toma saliendo de Grist hacia Benás, tras pasar la central hidroeléctrica, un poco más allá a la izquierda (está señalado). Está asfaltado en su comienzo, toma altura rápidamente y llega al cabo de 2 km al tubo de la central hidroeléctrica. Aquí acaba el asfalto y sigue con firme de tierra hasta que, 3 km más allá del tubo, llega a un aparcamiento modesto. Si lo recorremos andando nos llevará 1 h 30 min; en ese caso es mejor tomar el sendero que sale desde el pueblo siguiendo las marcas blancas y amarillas de la PR HU 36, la primera parte hasta el Puen de Tramarrius es más agradable, desde el puente una pista sube y empalma con la pista forestal que nos acerca al inicio, en la cascada de

Cascada de Espigantosa

Espigantosa (*http://senderos.turismoribagorza.org*).

Al final de la pista forestal, frente a la cascada de Espigantosa, espectacular sobre todo en primavera y otoño, llegamos a un puente que cruza el río.

Cruzaremos y comenzaremos la subida por un buen camino entre la vegetación. A los pocos minutos pasaremos el Paset de l'Oso, trozo de camino picado en la peña sobre los saltos de agua de la Aigüeta de Grist y el barranco Royo. La senda alterna trozos de subida y llaneo sobre el río, que queda profundo, para desembocar en el Presentet (40 min, 1760 m).

Aigüeta de Grist, a la izquierda El Forcau

El valle se abre y podemos ver el refugio arriba a la izquierda, asomándose bajo las crestas del Forcau. Un puente de cemento cruza el río hacia la ribera de praderas que se extiende por la margen izquierda de la Aigüeta de Grist, nuestra senda no lo atraviesa y sigue sin cambiar de orilla, por nuestra izquierda, de momento por una subida que remonta un promontorio que cierra la ribera. Una vez superado el cerro, el camino se tranquiliza y va recorriendo el fondo del valle.

A la media hora se llega a la Plleta de les Riberes, a 1835 m de altitud, los pastos vuelven a abrirse, al fondo se ve el cierre del llano con varias cascadas que descienden por la derecha y por la izquierda. El sendero gira a la izquierda para acometer una subida pronunciada por cortas lazadas hasta el refugio. Son 250 m de desnivel y unos 45 min de subida a tomar con calma por entre pinos negros y rododendros. Cuando sale del bosque, sobre los últimos pinos negros, va acercándose hacia la derecha al refugio. En el refugio hay servicio de bar y comidas. Se accede por la parte baja y se entra en una sala donde hay que cambiarse las botas por unas chancletas que hay allí para no ensuciar el suelo del establecimiento. Si pretendemos pedir comida (o cena o alojamiento), antes habremos de contactar al tel. 974 344 044 o al correo info@refugioangelorus.com, con suficiente antelación. La terraza es un excelente mirador del valle. Enfrente se levantan las Tucas d'Es Corbets (2904 m), a su izquierda la Panta o Vall d'es Ibons, un rincón sembrado de lagos alejados del mundanal ruido.

La Tuca de Llardana es conocida con el nombre de Posets, un viejo error perpetuado durante decenios. Posets es un valle lateral de la Vall d'Estós, en la montaña de Benás, cuya cima de 3068 m está a 1,5 km de distancia de la de Llardana.

Refugio Ángel Orús, al fondo Es Corbets

Desde el refugio, siguiendo las marcas rojiblancas de la GR-11 podemos subir al Ibón de Llardaneta, a 1h 30 min de camino y 2676 m de altitud. Por ese mismo sendero, pero desviándose antes de llegar al ibón, se asciende a la Tuca de Llardana o Posets.

En tiempos de trekking, nordic walking y otras modas es bueno recordar la técnica tradicional de caminar por la montaña, en la que un elemento básico es el tocho, nombre aragonés del palo o bordón. No un palo cualquiera, uno de la altura del usuario cortado en la luna menguante de enero de un avellano de corteza clara, dejado a secar en el suelo de la bodega para que no se combe durante dos años y

de un grosor suficiente como para aguantar nuestro peso sin quebrarse.

Es más importante para las bajadas que para las subidas. En una bajada más o menos pronunciada se adelanta el palo sobre la ladera del monte (al lado superior) sujeto con las dos manos, una en la parte superior y la otra dos o tres palmos más baja, se apoya el mayor peso corporal posible y se desciende de manera que la carga que debían sufrir las rodillas se reparta a los brazos. También sirve para centrar el punto de equilibrio del cuerpo y ganar estabilidad, lo que permite descender con seguridad.

10 Armeña

DISTANCIA: 6,5 km ida.
DESNIVEL: 800 m.
TIEMPO: 2 h 45 min. ida.
RECORRIDO: ruta lineal al Zirco d'Armeña, en Cotiella, uno de los gigantes del Pirineo. Montaña caliza de espectaculares relieves y estratos, muy diferente de las montañas graníticas que dominan el alto valle de Benás.
PUNTO DE INICIO: Barbaruens. Saldremos de Seira, en la entrada al valle por la carretera A-139, y tomamos el desvío que baja hacia el río Ésera hacia Seira (el viejo) y Barbaruens. Es una estrecha carretera de unos 8 km.

Zirco d'Armeña desde la sierra de Chía, a la izquierda Cotiella

72

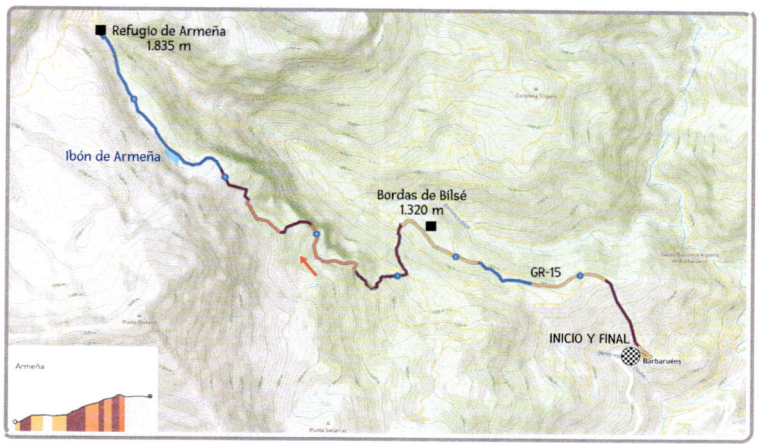

El Zirco d'Armeña es un rincón apartado de la parte suroeste del valle, en Cotiella, una magnífica montaña caliza que marca una buena parte del paisaje altoaragonés. Un viejo dicho sentencia: "*De los montes de Aragón en cabeza está Turbón. - Calle, calle -dijo ella- que más alta está Cotiella*". Turbón custodia el valle de Benás desde el SW, Cotiella desde el SE, el primero tiene 2492 m, la segunda 2912 m.

El sendero nace en el mismo pueblo de Barbaruens. Para ir a Barbaruens saldremos de Seira, en la entrada del valle por la carretera A-139. En el pueblo tomamos el desvío que baja hacia el río con dirección a Seira (el viejo) y Barbaruens. Ascenderemos poco más de 8 km adentrándonos en los curiosos paisajes de lo que durante mucho tiempo se conoció como la Val de San Pedro. Dejaremos el coche en la entrada del pueblo. Allí cerca hay un abrevadero, a la izquierda, y tras él nace un sendero a la izquierda, que forma parte del GR-15 (senderos de Gran Recorrido señalados con marcas rojas y blancas). Lo seguimos.

Dejamos el pueblo por una senda estrecha entre bojes que al poco se ensancha y sube con buena pendiente por La Llastra, zona de piedra natural que baja hacia el pueblo. Pasarla nos llevará unos 20 min. Al final empalma con un camino forestal entre bosque. No tomaremos ese

Continuar

Cambio de dirección

Dirección incorrecta

camino forestal, a la derecha del final de La Llastra, a un par de metros de la pista, sigue el sendero GR-15, que irá paralelo a la pista por debajo, emboscado y llaneando. Empalma con la pista y la deja de nuevo. Más allá conecta con una acequia (40 min), por la que llaneamos entre 5 y 10 min más. Llega así a unos prados con dos edificios – las Bordas de Bilsé, 1320 m -. Al final de la zona de las bordas sobre un ancho collado, el sendero se dirige a la izquierda para subir decidido por el bosque durante más de media hora al cabo de la cual va girando a la derecha para llegar a una pista forestal.

Bordas de Bilsé

La pista sube paralela al valle, discurriendo entre bosque sobre los cortados que caen al barranco. A 1650 m de altitud se torna senda que continúa sobre los acantilados, por el bosque ganando altura, entre 20 y 30 min, hasta la cota 1800. Se calma la pendiente y pasa por unas zonas descarnadas de barrancos entre bosque. Superado el último barranco vuelve la pendiente con zonas más herbosas hasta una loma a 1900 m que da paso al Ibón de Armeña, en una vallonada protegida por una pared a oriente. El ibón no es muy grande ni profundo pero la combinación de pinos, agua, pastos, pedrizas y paredes calizas forma un paisaje de gran belleza. La senda recorre cómodamente el valle en busca del refugio, que se ve al fondo.

Rincón del Ibón de Armeña

El refugio de Armeña está a 1835 m de altitud, cuenta con 25 plazas en literas en dos plantas, tiene una mesa amplia, chimenea, estantes con comida para emergencias y radio de socorro alimentada por placas solares, además de una buena terraza. Es libre, sin guarda. Al estar lejos de los circuitos más frecuentados suele estar en buenas condiciones, por lo que es importante dejarlo igual o mejor de como se ha encontrado. Cerca del refugio, unos 50 m. más adelante, está la Fuen de Rianzés, de frescas aguas. Las vistas hacia el valle, los extensos bosques que lo cubren, y hacia la montaña vestida de estratos calizos que se elevan en una gran muralla, son magníficas.

Refugio de Armeña

El sendero GR-15 continúa y pasa al vecino valle de Chistau por el Ibón de Plan o Basa de la Mora, "gemelo" mayor del de Armeña que, por contra, suele estar masificado pues tiene un fácil acceso motorizado. El Zirco d'Armeña se abre a la izquierda del refugio, es muy amplio y se sucede en terrazas en las que abundan las simas producidas por la karstificación de las rocas. La cima de Cotiella se encuentra a 2912 m de altitud y 3 h de marcha desde el refugio.

El Zirco d'Armeña es un buen lugar para observar la mayoría de las aves de la alta montaña pirenaica, aves adaptadas a las duras condiciones de estos ecosistemas. El gorrión alpino por ejemplo se ciñe a las principales cordilleras desde el Cantábrico al Himalaya pero preferentemente sobre montañas calizas, como Cotiella, por lo que no es fácil de ver en el norte del valle, granítico. El treparriscos (foto), más escaso y con una distribución similar, es uno de los pájaros más apreciados por los ornitólogos europeos, que viajan al Pirineo para verlo. El mirlo capiblanco cría en las montañas euroasiáticas y el norte de Escandinavia, donde las condiciones de frío y nieve son similares. Otros pájaros que se pueden ver en Cotiella son el acentor alpino, el verderón serrano o el bisbita ribereño alpino. Mención aparte merece la perdiz nival pirenaica, reliquia de tiempos glaciares. En invierno muda su plumaje a blanco para pasar desapercibida.

11 Ibón de Barbarisa

DISTANCIA: 5,5 km ida desde el Puerto de Saunc, 9,7 desde Sahún / Saunc.

DESNIVEL: 540 m desde el puerto, 1230 m desde el pueblo.

TIEMPO: 2 h 15 min desde el puerto, 3 h 40 min desde el pueblo, ida.

RECORRIDO: ruta lineal, desde el Puerto de Saunc o desde el pueblo de Sahún / Saunc.

PUNTO DE INICIO: Para llegar al Puerto de Saunc subimos a Chía para tomar el camino que va a Plan por el Puerto de Saunc (firme de tierra). Tras unos 10 km, cerca del final del puerto, nace una pista en peor estado, que hay que caminar. Si salimos de Saunc, iremos al pueblo.

Montaña de Barbarisa, a la derecha prados de Sila

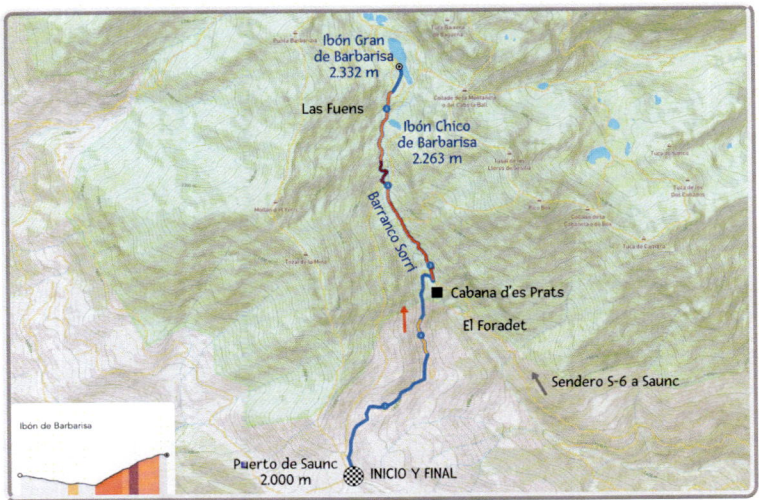

Barbarisa es un valle que nace en los picos de Bagüeña (3056 m), se remansa en los ibons de Barbarisa y desciende por el barranco Sorri o Surri, también llamado en su parte alta, de Llisat. Desemboca en el Ésera cerca de la localidad de Saunc. En la vecina Val de Chistau, a la que pertenece buena parte de la cabecera, se le conoce como Barbarizia.

Hasta Barbarisa se puede llegar bien desde Saunc / Sahún, por una senda variada e interesante, o desde el Puerto de Saunc. Ambos recorridos se unen en la cota 1800, junto a la cascada y la Cabana d'es Prats. La segunda opción tiene la ventaja de subir por el camino forestal de Chía a Plan, con muy buenas vistas, y ahorrarnos bastante desnivel.

Si salimos del Puerto de Saunc, dejaremos el vehículo a 2000 m de altitud, en la entrada de la pista forestal que baja a la Cabana d'es Prats. La pista desciende en busca del barranco y hacia el fondo a lo largo de 2800 m. Justo antes de llegar al barranco saldremos de la pista para cruzar el cauce por un puente que nos permite pasar al otro lado sin mojarnos las botas. Estamos en la Cabana d'es Prats, frente a una bonita cascada (40 min, 1820 m).

Cascada d'es Prats

Subiremos sobre la cascada por el paso de la derecha (según andamos). El camino remonta las pendientes de hierba paralelo al curso de agua. Al cabo de 1 h desde la cascada, a 2100 m de altitud, cruza el río, marca unas lazadas tomando altura y entra en la cuenca del ibón por un paso picado en piedra. El Ibón Chico de Barbarisa está a algo más de 3 h del pueblo, 2h de puerto de Saunc, a 2263 m.

Ibón de Barbarisa

El Ibón Gran de Barbarisa o Barbarizia está en la cuenca superior. Solo hay que remontar la ladera pasando sobre las fuentes que alimentan al Ibón Chico. No obstante, para verlo mejor, es bueno tomar algo de altura antes, a la izquierda, siguiendo los senderos para situarnos algo más elevados sobre el lago y tener una mejor visión del paisaje.

Inicio en Saunc

Si salimos de Saunc, iremos al pueblo, 5 km. al sur de Benás por a carretera general A-139 (9 km al norte si vamos desde Castilló de Sos). Subiremos al pueblo por el ramal de la derecha, pues a la derecha del pueblo hay un aparcamiento. Desde el mismo nos dirigiremos hacia la iglesia, que está cerca, en la parte alta del pueblo, la pasaremos e iremos en la misma dirección; la calle baja algo primero y vuelve a subir a la derecha. La tercera bocacalle a la derecha nos deja en pocos metros en la salida del sendero (la segunda es un acceso privado, las tres son muy cortas). Está marcado con señales amarillas y blancas de PR HU-51 y con señales del sendero S-6 del Parque Posets-Maladeta, (más información y tracks en *www.rednaturaldearagon.com*).

Barranco Llisat o Sorri

La senda conocida como "el camino de la montaña" es clara, a pesar del par de caminos que cruzan a derecha e izquierda al comienzo. Está bien construida con paredes de piedra que la delimitan. A los 20 min tuerce a la derecha con la ladera y entramos en la cuenca del barranco Sorri, escondido entre la vegetación.

A la media hora desde el comienzo pasamos unas lazadas que toman altura. Un camino se desvía a la derecha hacia la ermita de S. Pedro Mártir (a media hora, buen mirador del valle y merendero). No lo tomamos, seguimos nuestra senda.

A los 45 min de recorrido pasamos por la Fuen de Ratiells (1400 m.) con un abrevadero de ganado. Siguiendo por la ladera un cuarto de hora más pasamos el barranco de Castellerit, antesala de las praderas de Sila. En la salida del barranco hay una bifurcación, tomaremos el camino de la derecha, más pendiente y pedregoso. Dejamos abajo un edifico, la Borda de Quíntero de Lacreu y atravesamos las praderas de Sila. Al final hay una zona de abedules y la capilla de Sta. Chulita (1580 m, 1h 10 min).

La mariposa apolo es la reina de los pastos de montaña. Vuela en verano hasta los 3000 m de altitud. Es la demostración de que la belleza se puede alcanzar con un lienzo blanco, cuatro manchas y un vuelo elegante. Está protegida.

Más adelante la senda va por debajo de unas paredes con restos de construcciones, les Corts. Zona de pinar negro, al cabo de 1h 30 min llega otro desvío, subiremos por la derecha. Más tarde se cruza el barranco de Sabaril (1700 m) y mantiene algo la pendiente hasta que comienza un descenso por bosque. Se dirige hacia el barranco en una zona que queda en una hondonada –el Foradet–.

Plleta d'es Prats, al fondo Sierra de Chía

Tras los abedules llegamos a una zona de pastos y subimos a la derecha para pasar la pared que cierra el Foradet por nuestra derecha. En las praderas de la parte superior está la Cabana d'es Prats, a la que llega el camino forestal que viene del puerto de Saunc. Entre el refugio y la cascada, a nuestra derecha, comienza el sendero explicado más arriba.

Paisajes ganaderos de alta montaña

Si realizamos el camino desde el Puerto de Saunc iremos todo el rato por pastos y laderas de modestos matorrales. No se trata de un paisaje natural, en el sentido de primigenio, sino de un paisaje cultural, resultado de milenios de quemas y cortas del bosque para la

creación de pastos. En teoría, desde los 1800 m de la Cabana d'es Prats a los 2332 del Ibón Gran de Barbarisa, debería extenderse un pinar negro aclarado por los aludes que en primavera descendieran desde las alturas del Yerri (2627 m) al oeste y del Tusal de Bocs (2732 m) al este. Incendios provocados por rayos abrirían huecos en el pinar, pero el bosque dominaría el paisaje. Nada de eso resta. La toponimia también atestigua esta vocación ganadera: la Estibeta, zona de pastos de alta montaña, Es Prats, los prados, el Puerto, nombre de los pastos de montaña a los que sube el ganado en verano, las Corts, zona de corrales o pocilgas, etc.

12 Ibons de Remuñe

DISTANCIA: 8 km en total.
DESNIVEL: 484 m.
TIEMPO: 2 h 45 min.
RECORRIDO: ruta circular por la Vall de Remuñe pasando por los ibons del mismo nombre; paisaje granítico donde la impronta de los glaciares cuaternarios se hace patente.
PUNTO DE INICIO: 200 m antes del final de la carretera A-139, a 13 km al norte de Benás. A la izquierda de la carretera nace una senda señalada que sube al valle.

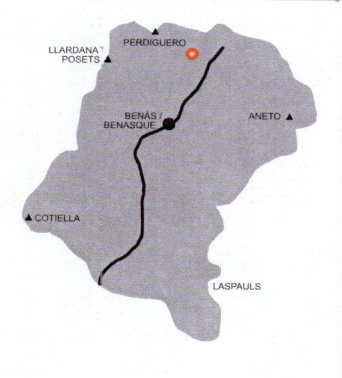

Ibón de Remuñe

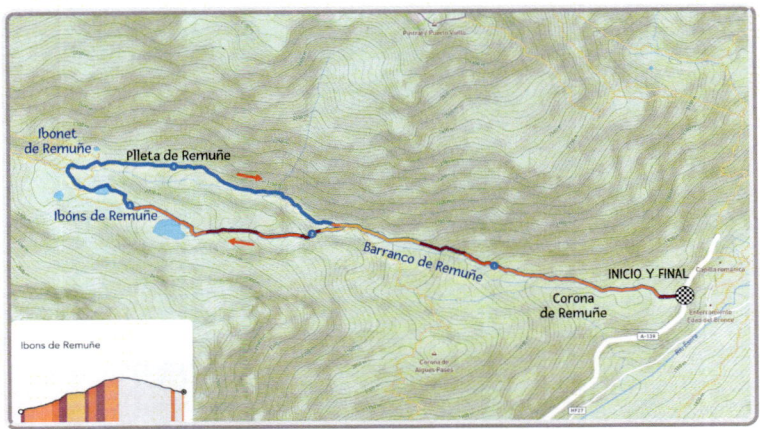

La Vall de Remuñe acaba al final de la carretera general A-139. Se trata de un valle fronterizo con Francia que mantiene la nieve más que otros de estas montañas. Tiene las laderas muy pronunciadas, dominadas por varias cumbres de 3000 m al norte (Tuca de Malpás, 3096 m, Tuca de'l Cabo d'els Arenals 3038, Tuca d'el Bom, 3005...), y las más modestas tucas de Remuñe (2886 m) y Lliterola (2825 m) al sur. Abunda el granito pulido recuerdo de recientes tiempos glaciares.

El recorrido es bueno aunque en ocasiones hay que prestar atención a las piedras o a los barranquillos de agua que pasan sobre el camino. Desde este valle se puede acceder al Ibón Bllanco, cabecera de la Vall de Lliterola. Se trata de un gran lago situado a más de 2700 m bajo los escarpes de la Tuca d'el Perdiguero (3221 m).

Corona de Remuñe y Plleta d'es Capellans

Saldremos de la carretera siguiendo el sendero, pasado el primer resalte el camino se abre paso entre praderas y pinos negros, acercándose poco a poco al cauce del río que queda a nuestra izquierda algo escondido tras la Corona de Remuñe, un promontorio de 1869 m que nos separa de la corriente. Conforme se estrecha el valle la senda pasa entre el río y las paredes, con momentos llanos y cortas subidas. La corriente se estrecha por momentos en Les Gorgues de Remuñe.

A los 45 min llegamos a un rellano herboso de aguas tranquilas dominado por un promontorio rocoso, estamos a 2050 m de altitud. Sobre nosotros, a la derecha, se erigen Les Fites de Remuñe, masas de granito alisadas por el paso de los glaciares. A la izquierda baja un riachuelo que se une al principal en medio de la pradera.

Rellano donde se bifurca el recorrido

Interesa cruzar las aguas del barranco de Remuñe para subir la vallonada de enfrente. En primavera y días de tormenta puede ser que el cauce nos dificulte el paso, suele ser más fácil atravesarlo al final del llano. Si no nos pareciera conveniente, podemos seguir la senda que llevamos valle arriba y entrar en los ibones en sentido contrario del que indicamos en esta ruta.

Lo normal sin embargo es que podamos pasar a la otra orilla sin más problemas. Una vez cruzado el río subiremos por la ladera de enfrente, bordeando el promontorio que la domina por detrás. Estamos en un barranquillo pedregoso que proviene del primer ibón de Remuñe.

Nos quedan 30 min de ascenso, la senda sube primero por la izquierda, más tarde va esquivando los grandes bloques de piedra del centro y arriba del todo sale en terreno más limpio a la cuenca del ibón, a 2220 m de altitud. Al fondo el paisaje está marcado por las puntas gemelas de la Forca de Remuñe (2934 y 2945 m); 600 m de desnivel encima del lago la Tuca de Lliterola ampara la lámina de agua. Está rodeado de canchales grises de granito y algunas pedreras rojizas de esquistos, rocas metamorfizadas en contacto con el magma que enfriado dio lugar al granito a finales del Paleozoico. La cubierta vegetal la componen trozos de pradera con rododendros y arándanos; y pinos negros, escasos, que se refugian en las zonas menos expuestas a aludes.

El PORN del Parque Posets Maladeta establece que los perros deben ir atados. También la Ley de protección de derechos y bienestar de los animales, de 2023, que estipula multas a partir de 500 euros.

El segundo ibón es más pequeño, está cerca del primero, a unos 300 m siguiendo la misma dirección hacia el fondo del valle. Hay que subir la loma de la derecha (según vamos), y seguir unos pocos minutos más allá sin tomar altura. Está a 2236 m. de altitud, desde su derecha se ve delante, abajo y al otro lado del río la Plleta de Remuñe, un rellano herboso protegido por paredes con el pequeño Ibonet de Remuñe.

Segundo ibón de Remuñe

Buscaremos ese rellano, la Plleta de Remuñe, siguiendo el sendero que desciende entre piedras y pasto al río. Junto al cauce se une al camino que recorre el valle por el fondo; si siguiéramos con él aguas arriba hacia nuestra izquierda llegaríamos a Es Arenals de Remuñe en media hora. El sendero pasa encajonado y se abre en un gran circo al fondo del valle, a 2370 m de altitud. Aún quedaría 1 h 30 min para subir hasta los 2817 m de la Forca de Remuñe y ver el Ibón Bllanco de Lliterola, al otro lado.

Si en la Plleta de Remuñe giramos a la derecha para volver, el camino desciende paralelo al río por la izquierda. Antes de llegar al rellano herboso que vimos a la subida, un modesto riachuelo que cae desde el Mall Pané pasa por encima de la senda y nos puede obligar a mirar dónde ponemos los pies. Más abajo, en la pradera, retomamos la ruta inicial.

Toponimia bilingüe, aragonés y occitano

Las montañas del norte de Remuñe se comparten con
la localidad francesa de Luchon, y en ocasiones tienen
una doble toponimia aragonesa y occitana. El primer
pico desde el Este es llamado allá Malh Pintrat, y en el
lado aragonés Tuca del Puerto Viello, *malh* y *tuca*
significan 'pico'. En Luchon también se conoce como
de Port Vieil, 'viejo puerto' en recuerdo del antiguo
paso. Siguen el Malh Plané, 'pico de la meseta', el
Malh Barrat, el 'pico cerrado o vallado', un barrat es un
tipo de valla entre campos. En Benás se documenta
desde el siglo XVIII, como el apellido Barrau, común
en ambos valles. El Malh deth Boum, 'tuca de l'ibón' o
'pico del lago', y el Maupás, en Benás llamado Malpás,
'mal paso'. Para acabar en la zona de Crabioules, que
en aragonés de Benás sería seguramente "de les
crabades", las manadas de sarrios, que en todo caso
corren por el Circo de Crabioules, al otro lado de la
montaña, no por la vertiente sur.

EDUCACIÓN
SANIDAD
FUTURO

Ayuda a Nepal

DONA - HAZTE SOCIO/A - COLABORA

SOSHIMALAYA.ORG

Valle de Benasque
PUEBLOS CON ENCANTO

Benasque / Benás

La capital del valle es una antigua villa que en los últimos decenios ha rebasado la forma de almendra que tiene su casco histórico con nuevas áreas residenciales. Una vez pasado el puente sobre el Ésera, en el Suel de la Vila, una rotonda con la escultura de un sarrio, un *ixarso*, sirve de cruce de caminos, adelante se circunvala la población y se sale hacia las montañas y Cerler, a la derecha nace la carretera de Ansils - Anciles y a la izquierda entra a Benás por la avenida de los Tilos. La avenida empalma al final con la Pllasa Mayó, ya en la zona antigua.

Entre las calles, en general estrechas, se encuentran casas de piedra con madera y tejados de losa rotos por pequeñas ventanas llamadas *llucanas*. Hay algunos edificios notables, en la Carrera Mayó o Calle Mayor el Palacio de los Condes de Ribagorza, edificio renacentista del siglo XVI, tiene las ventanas esculpidas con molduras y, sobre la puerta principal, con los bustos de los condes; en la esquina llama la atención una garita defensiva. En la actualidad es centro cultural de la villa.

En la Pllasa de l'Achuntamén o Plaza del Ayuntamiento está Casa Faure, casa señorial con portada del siglo XVII y torre en la esquina. El ayuntamiento también cuenta con una fachada de estilo montañés, y frente a ambos edificios, la iglesia de Santa María, con elementos del románico al gótico. Su tejado está protegido por *penals*, unos escalones típicos de la arquitectura popular. La portada es del siglo XII, según algunos autores proveniente de la desaparecida parroquia de San Martín, que se levantaba al otro lado del río. La bóveda interior es también románica, la capilla de los pies es gótica del siglo XIV y la cabecera del XVII.

Detrás de la iglesia hay otra casa señorial, Casa Juste, con aspilleras y torre de 18 m con almenas. Sobre Benás, en la Roca d'el Castiello, quedan los restos del castillo que defendió el enclave. Conocido desde el siglo XII, fue rediseñado en el XVI y demolido en el XIX. Tampoco persiste un gran asador, según un viajero del siglo XVIII: "Son famosas las comilitonas de las cofradías del Valle de Benasque y más famoso el Asador que hay en ellas en Benasque, en el que se asan para la función de una sola vez 30 carneros, que son los que suelen gastar, pero es capaz de 100 cabezas."

No queda memoria de aquel asador pero, en todo caso, Benás abunda en restaurantes, bares, hoteles y tiendas de deporte como para complacer a cualquier visitante.

Les marradetes de la pllasa y el Ball de Benás

En el pavimento de la plaza del ayuntamiento hay una serie de líneas y curvas alrededor de la *Tellera*, el árbol central. Sirven para dirigir el Ball de Benás, el baile, los bailes (*de les dones y d'els omes*) que se bailan para las fiestas de San Marsial, a finales de junio. La música del Ball, tradicional, es conocida por ser la misma que sirvió de himno de España durante la II República.

Arquitectura tradicional

En 1794 un autor dice que las casas del valle son "de piedra y cal, y pizarra: la mezcla soberbia", contando Benás con unas 180 edificaciones. Sin embargo, advierte que en la capital del valle "la experiencia ha hecho preferir aquí las cubiertas de losa a las de pizarra: como son comunes los incendios, por la mucha madera y hierba que hay en las casas, si están cubiertas de pizarra, luego que esta se calienta despide tantas chispas y con tal fuerza que es imposible acercarse sin peligro a apagar los fuegos de incendios."

Seguramente las pizarras vendrían de Cerler, donde se encuentran acompañadas de abundantes piritas y azufre. La pirita a su vez se compone de azufre y hierro. El azufre se inflama y explota a partir de 232 grados, pronto alcanzados en los incendios. La losa que sustituyó aquellas pizarras sería pues de arenisca, como es común en otras partes de la montaña, material costoso de traer desde el Prepirineo, donde abunda, al corazón del valle. Buscaron pues una pizarra limpia, sin azufre, y la encontraron en la entrada del valle de Lliterola, junto a los Bañs de Benás, a 9 km. La pizarra moderna sin embargo suele venir desde Galicia.

El Espital de Benás

En la Edad Media "la santa casa del Espital de Sant Johan de Jerusalem", como aparece en la documentación aragonesa, más conocida como Orden de San Juan o de Malta, edificó una serie de *espitals* a ambos lados de la cordillera para facilitar el paso de gentes y peregrinos. En occitano, al otro lado, se conocen como *espitaus*, en francés "hospice" ('Casa donde los religiosos dan hospitalidad a los peregrinos, a los viajeros / orfanato, hospicio').

El de Benás ha conocido varios emplazamientos, el primero de ellos bajo la carretera actual, poco antes del final de la misma. Son las ruinas de la hospedería y una pequeña capilla del siglo XII. Cinco siglos más tarde se trasladó al fondo del Pllan de l'Espital, más cerca del camino del Portillón que se convirtió en el nuevo paso de la frontera. A finales del XVIII un alud lo arrasó, se edificó otro más abajo en la orilla izquierda. Volvió a ser destruido por la nieve (6 de enero de 1826 se cree), esta vez con la familia del *espitalero* dentro, cinco mujeres y tres niños. El último se levantó en 1874, a medio camino de los anteriores, donde todavía se conserva.

Entre las obligaciones de los arrendatarios estaba cobrar tasas por paso de ganado, dar sepultura a quienes murieran en la travesía del puerto (en especial con la retirada de las nieves invernales), cuidar el camino del puerto y los puentes, abrir el paso en el mes de mayo, permanecer todo el año mientras el tiempo lo permitiera, entre mayo y octubre normalmente (dejando leña en caso contrario), vender pan, carne, aguardiente, vino y pasto bajo estrictas condiciones, etc.

Llegó a finales del siglo XX en ruinas, abandonado. La puesta en marcha de las pistas de esquí nórdico fue la oportunidad para reedificarlo convertido en hotel y restaurante.

Oficina de turismo: Calle del Horno, 19. Tel. 974 543 353. www.turismobenasque.com

Anciles / Ansils

Ansils es un pequeño pueblo situado al sur de Benás, a 1,8 km en la margen izquierda del río Ésera. Pequeño pero compuesto de casas solariegas de gran valor. Vale la pena acercarse andando desde Benás, en unos 20 min, si vamos en coche deberemos dejarlo en el aparcamiento que hay a la entrada, junto al gran chopo que da la bienvenida. La primera casa, a la izquierda, es Casa Sort, con una pequeña plaza delante de la puerta, más allá hay algunos edificios de interés y el cementerio arriba a la izquierda. Por la calle principal, sigue casa Barrau, cuna del general Ferraz que fuera ministro y alcalde de Madrid en el siglo XIX. No muy lejos está la iglesia, edificada en el siglo XVI, con torre de 1657 y portada fechada en 1767. Como curiosidad, las dovelas están colocadas sin respetar el orden del cantero. La última casa es Casa Suprián, cuenta con una torre cuadrada que le confiere un aspecto señorial.

Podemos continuar saliendo del pueblo hacia el sur por pista, siguiendo las marcas amarillas y blancas del sendero *PR HU 34*. Nos acercaremos así a Conques, casa señorial, restos de un antiguo castillo. En un prado junto a la casa está la ermita de San Esteban Protomartir, románica del siglo XI con elementos lombardos. La casa actual se rediseñó en el siglo XIX al estilo francés. Desde Conques las señales nos llevan a Eriste / Grist (Ansils - Grist, 45 min). De allí a Benás podemos volver por el sendero *PR HU 32*, con las mismas marcas, en 50 min de paseo.

Cerler / Sarllé

Sarllé es el pueblo más alto del valle, a 1540 m de altitud. Se llega por la carretera A-139 al norte de Benás, tomando el desvío por la A-2617. Según llegamos, sobre la carretera se encuentra el caso antiguo, de arquitectura tradicional, y al sur y este las nuevas construcciones surgidas al amparo de las pistas de esquí.

La parte original de Sarllé se articula sobre la calle del Obispo que va desde el lavadero y las escuelas al sur hasta la iglesia al norte. A sus lados, calles estrechas y tortuosas flanqueadas por casas de piedra, madera y pizarra. Hay varias casas patio, como Casa Cornel. La iglesia de San Lorenzo es obra del siglo XVI con un aire de estilo románico.

Si queremos subir andando podemos ir de Benás a Sarllé por el camino antiguo. Está señalado como sendero de Pequeño Recorrido, *PR HU 26*. Su inicio está junto al Centro de Interpretación del Parque Posets Maladeta, en la carretera que circunvala Benás. Sube los 385 m de desnivel en 1 h 20 min y cuenta con buenas vistas del valle. Tiempos ha, quienes iban de una localidad a otra por la noche, tenían la costumbre de llevar arrastrando la faja o una cuerda con latas que hicieran ruido sobre el camino, para ahuyentar a los lobos y al mismo miedo.

Más allá de los hoteles y apartamentos está la base de la estación de esquí. Es la mejor de entre las estaciones de esquí aragonesas, gracias a tener 1130 metros de desnivel. Parte de la cota 1500 y llega a la Tuca del Gallinero a 2630 m. Esta circunstancia le asegura una nieve de calidad en buena parte de las pistas. Cuenta con 75 pistas y un dominio esquiable de 80 km. Se puede acceder a sus instalaciones desde dos puntos, desde el pueblo y desde el Ampriu. Al Ampriu se llega por la misma carretera que sale de Sarllé, recorriendo 7 km hasta la cota 1900. Allí hay un gran aparcamiento y una zona de servicios.

Información de turismo: Plaza Nueva, bajos. Tel. 974 551 289. Estacional. www.cerler.info

El Solano

El Solano es una terraza a unos 1300 m de altitud, sobre el fondo de la Vall de Benás. Allí se asientan unos pocos pueblos que disfrutan de unas vistas privilegiadas sobre el valle. La terraza está formada por los restos de la última glaciación, cuando un gran glaciar se extendía desde las más altas montañas a lo largo de 36 km cubriendo todo el paisaje hasta la entrada del valle en el Congustro del Ventamillo. Las piedras que caían sobre el hielo eran transportadas a lomos del glaciar valle abajo hasta que caían por sus bordes o al final, formándose a lo largo de los milenios morrenas laterales que, una vez retirado el hielo, han permitido la existencia de rellanos en altura.

Partiremos de Castejón de Sos - Castilló de Sos. Está en el fondo del valle, a 910 m. de altitud. Se articula a ambos lados de la calle El Ral, que además de calle principal es carretera nacional. Siguiendo la N-260 hacia Laspaúls y Montanuy pasaremos un desvío que a la izquierda indica Liri sin tomarlo; sí el siguiente desvío que accede a Urmella y Arasán (2 km). La carretera, estrecha, sube en zigzag entre robles hasta un nuevo un desvío. Iremos a la derecha hacia Urmella.

Urmella tiene dos barrios modestos, entre los barrancos de Llabanera y Urmella. Sus casas tienen un característico color rojo. En el barrio del norte se halla el Monasterio de los Santos Justo y Pastor. Fue un centro de gran importancia en los comienzos del condado de Ribagorza.

El monasterio de Aurigema

El monasterio de los Santos Justo y Pastor de Urmella fue fundado en el siglo X con el nombre de Aurigema que significa 'botón de oro'. Con el condado de Ribagorza en pleno apogeo se decidió construir un buen monasterio de estilo románico-lombardo. La Ribagorza pasó a manos del Reino de Navarra y más tarde al de Aragón, y la conclusión de la obra la realizaron los monjes de San Beturián, en el vecino condado de Sobrarbe, gentes con más prisas por cristianizar que por construir, el edificio se acabó sin grandes cuidados.

La obra original era de tres naves, con un ábside central y dos laterales, todo de estilo lombardo. En el siglo XI se interrumpió la construcción, y se reanudó a fines del siglo XII, en un estilo románico burdo que simplificó y anuló buena parte del proyecto inicial. En 1.613 se cambió el sentido litúrgico, abriendo la puerta principal en el ábside central de la iglesia, y se levantó sobre la misma una torre que sirve de porche y coro, a la que en el siglo XIX se añadió un campanario.

Desde Urmella desharemos el camino para ir a **Arasán**, situado a 1.240 m de altitud. Tiene algunos edificios de interés levantados en los siglos XVI y XVII como Casa Chuldián. La iglesia es renacentista con una esbelta torre. Sin cambiar de rumbo llegaremos a Liri o Llire.

Llire (foto), es un precioso pueblo que se aglutina a ambos lados del barranco Gordo, bajo el pico Gallinero (2732 m). Tiene buenas muestras de arquitectura pirenaica. La iglesia es de los siglos XVI y XVII.

La carretera sale del pueblo y del barranco en dirección a Ramastué con buenas vistas del valle, al sur el macizo del Turbón (2492 m). **Ramastué** alberga algún edificio de interés como casa Riu. A 1,5 km al noroeste se sigue Eresué o Erisué.

Erisué también merece un pequeño paseo. La iglesia es románica de estilo lombardo, del siglo XI, reformada a lo largo de los siglos. De Erisué en adelante la carretera sigue llaneando un rato, hasta que acaba la terraza del Solano. Desciende entre prados hasta el collado del Castellaso (1274 m), promontorio sobre el valle que sirve a su vez de gozne entre las poblaciones del norte y las del sur. Junto a la ruta hay un pequeño merendero con mesas y buena vista. Más allá la carretera desciende con curvas pronunciadas entre un bosque mixto de fresnos, robles, abedules, álamos temblones y pinos, y llega por estrecho puente sobre el Ésera a la carretera general. Sobre el puente se levanta el santuario de Guayén.

Guayén o Guayente es el centro espiritual del valle. Su origen está en el año 1070 de la mano del caballero Hernando de Azcón a quien dice la tradición se le apareció la Virgen un par de veces camino de Llire. En el siglo XIII su descendiente Pedro de Azcón reformó la ermita. Y en el siglo XVI Francisco de Azcón, caballero de la Orden de Malta, volvió a ampliar el santuario en agradecimiento por la protección ofrecida durante la batalla de Lepanto, en la que conquistó una galera turca. El santuario tiene iglesia y residencia prioral, es la sede de una escuela de hostelería de la que han salido excelentes profesionales. El 8 de septiembre, fiestas de Saunc, se celebra una procesión al santuario en la que se baila el Ball dels Sombrers, similar al Ball de Benás.

Guayén pertenece a Saunc o Sahún, desde el santuario se puede ir paseando al pueblo que está a 10 min. Tiene una arquitectura interesante. Para el solsticio de verano, el 24 de junio, se celebra la fiesta de Les Falles en la que se voltean sobre la cabeza antorchas de avellano y abedul encendidas de hasta 20 kg de peso.

Villanova / Bilanoba

En Bilanoba se levantan dos iglesias románicas, la de San Pedro, del siglo XII y la de Santa María, del siglo XI, románica lombarda. La de San Pedro, en la parte sur, se suele clasificar como lombardista, pues asume elementos decorativos propios de esa variedad románica, los arquillos ciegos del ábside, pero sin alcanzar la excelencia de las obras lombardas. Su bóveda original se cayó y fue restaurada. La portada parece ser del siglo XVII, y está culminada por un crismón románico esculpido en mármol. En su interior hay un interesante retablo gótico. La iglesia de Santa María, al norte, es anterior, de fines del siglo XI o principios del XII, época de la que conserva el ábside, la base de la torre y parte de la nave. Poco más tarde se amplió la nave cubriéndose con bóveda de medio punto sobre arcos fajones. En el siglo XVI se le añadió una capilla lateral al norte, la parte superior de la torre y la portada. El ábside cuenta con arquillos ciegos, apoyados en ménsulas, al estilo lombardo. La presencia de dos iglesias similares en Bilanoba se suele explicar por la existencia de dos señoríos en competencia.

Junto a Bilanoba, algo más adelante, se encuentra el desvío a Sesué y a Sos, al otro lado del Ésera. La iglesia de Sesué, San Chinés, se levantó a finales del siglo XI, es de estilo románico. Para llegar a Sos hay que remontar la ladera por una carretera corta y empinada. Dice la tradición que fue el primer núcleo de la vall, conocido en el siglo XI como valle Sositana. La iglesia es románica del siglo XII, tiene buenas vistas, además de un merendero cercano

Desde Sos o por Sos pasan algunos senderos de pequeño recorrido que son agradables de andar. *El PR HU 85* va de Sesué a Sos, es un recorrido circular de 1 h 50 min. De Sos sube a Erisué, de allí baja a Sesué y por sendero vuelve a Sos. Su desnivel es de 310 m y la distancia 4,85 km. Otro es el *PR-HU 88*, Camino del Solano. Va de Castilló de Sos a Arasán, Llire, Sos y vuelve a Castilló. Entero cuesta 3 h 20 min, asciende 420 m y recorre cerca de 10 km. Una buena opción es pasear de Sos a Llire en una media hora y 2 km.

Chía

Chía es la segunda villa del valle, comparte ese privilegio con la capital, Benás. Era la antigua entrada a estas montañas, cuando el acceso por el Congustro del Ventamillo no estaba abierto. De hecho fue secular parada y fonda en el camino que unía Zaragoza con Toulouse. Está a 1221 m de altitud, 200 por encima de Castilló o Castejón de Sos, desde donde sale una carretera de 3,5 km. Tiene dos iglesias de origen románico, dos por la competencia que hubo en la Edad Media entre el cenobio de San Pedro de Tabernas (que dependía a su vez del monasterio de San Beturián) y el señor de Beranuy, que se repartían el feudo de la villa.

San Martín está en la salida hacia el puerto de Saunc, integrada en una finca particular. Mantiene el ábside semicircular románico y espadaña, un elemento éste escaso en el arte altoaragonés. Por su parte, la iglesia parroquial está dedicada a San Vicente, es de origen románico aunque apenas se puede distinguir su impronta en el crismón que hay sobre la puerta. Crismón trinitario de siete brazos, incluye entre sus símbolos las letas V y E, un detalle común en el valle que, al parecer, podrían ser las iniciales de *Vallis Esera*, valle del Ésera. En la actualidad la villa de Chía es un tranquilo núcleo alejado del bullicio.

Antes de llegar a Chía, a la derecha, nace una corta pista que da acceso a la ermita de la Virgen de la Encontrada, un agradable rincón con una explanada que ofrece un buen mirador sobre la parte sur del valle.

Del pueblo parte una pista forestal que asciende por las laderas de la Sierra de Chía hasta los 2000 m de altitud del Puerto de Saunc, con unas excelentes vistas. La pista pasa al vecino valle de Chistau en una larga bajada. Nada más pasar el collado se encuentra el Refugio Marradetas, perteneciente a Plan, que ofrece en verano alojamiento y restaurante (tel. 608 97 41 77). Desde el mismo desvío del refugio, a la izquierda, parte una ruta que asciende a la Tuca de la Casanía o Cabo Pientes, de 2345 m, en 45 min. Subida sencilla, comienza tomando altura entre pinares para salir a una zona de pasto. Seguimos paralelos a la cresta por los senderos marcados en la hierba hasta llegar a la redondeada cima de la Casanía. Un mojón de cemento indica el límite de los municipios de Chía, Seira, San Chuan de Plan y Plan. Restos de trincheras recuerdas el triste destino de los maestros integrados en la 43 división del Ejército Popular de la República Española. Las vistas de buena parte del Pirineo aragonés son espectaculares.

Pueblos del Turbón

El Turbón custodia el valle desde el sureste, montaña mágica en el imaginario aragonés, alberga en su ladera norte un rosario de localidades que merecen un tranquilo paseo en coche.

Salimos de Castilló / Castejón de Sos, pueblo de servicios crecido a los lados de la carretera nacional, al sur del valle. Tomaremos la carretera N-260 con dirección a Laspaúles, Pont de Suert y Vielha. A los 3 km pasamos por **Bisagorri / Bisaurri**, si entramos, además de ver el casco urbano de casas de piedra roja, podemos acercarnos a los pueblos de Gabás y San Martín de Veri. Gabás tiene iglesia de estilo románico tardío con portada del siglo XVII.

Desde la carretera general, pasado Bisagorri y tras un par de amplias curvas se pasa por **Renanué**, con iglesia románica del siglo XII. Más arriba alcanzamos el Coll de Fadas, de evocador nombre. A la derecha nace la carretera a **San Feliu de Veri**, Veri, Dos, Buyelgas y La Muria. San Feliu posee una iglesia con torre, interesante edificio de origen románico. Las vistas del Turbón y del valle desde estas aldeas valen el paseo.

Continuaremos por la carretera general hasta Laspaúls, pasando bajo las casas de Prafita / Piedrafita y San Valeri. **Laspaúls** es la capital de esta zona de la montaña. En principio es la cabecera del valle del río Isábena, que nace en su montaña y desemboca en el Ésera en Graus, un valle de gran valor histórico como se verá más adelante. No obstante, el río que articula el espacio actual es la carretera por lo que Laspaúls se considera en la práctica parte de la Vall de Benás. Cuenta con algunos servicios. Su iglesia fue consagrada en el año 1143, de origen románico pues, reconstruida a finales del siglo XVI. Junto a la iglesia está el Centro de Interpretación de las Brujas de Laspaúls, que rememora el asesinato de 25 mujeres bajo la acusación de brujería en el siglo XVI (tel. 974 553141). Aquellos sucesos se rememoran cada dos años en agosto en la representación de Lo Consel de Laspauls. Para el solsticio de verano, el 24 de junio se realiza la fiesta de Las Fallas en Laspaúls, Villargüé y Suils, una tradición declarada Patrimonio Inmaterial por la UNESCO. Otras fiestas de interés son el carnaval y algunas romerías, como la que sube al collado de las Aras a comienzos de verano. (*www.turismolaspaules.es*).

Sobre Laspaúls, al norte, están las localidades de Suils y **Villargüé / Villarrué**. El conjunto urbano de Villargüé tiene edificios de interés. La iglesia fue consagrada en 1143 por el obispo de Roda de Isábena, románica, tiene el ábside adornado con arquillos ciegos lombardos bajo un friso de ajedrezado jaqués.

Desde Laspaúls retrocederemos 2 km para coger la carretera de Espés. Una vez tomada dejaremos a la derecha el desvío a Abella y seguiremos hasta **Espés**. Hay dos Espés, el de Dalt o Alto y el de Baix o Espés, a secas. En éste se encuentra la iglesia de San Martín, también románica.

Abi, Seira y Barbaruens

Abi, Seira y Barbaruens forman la antesala al valle de Benasque, están encerrados entre dos desfiladeros, el Congustro de Aiguasallenz al sur y el Congustro del Ventamillo al norte. En medio se abre el pequeño valle, con Seira en la carretera, Abi al este y Barbaruens al oeste. El paso desde Campo a Seira se abrió en el siglo XVI, y la carretera de Seira a la Vall de Benás se aprobó en 1898 y se inauguró en 1912. En 1914 se comenzaron las obras de la central hidroeléctrica de Seira que dieron nacimiento al pueblo nuevo, el que está en la carretera general. El viejo se encuentra al otro lado del río. Pero la población de este enclave es mucho más antigua, en la ribera derecha del Ésera se puede admirar un dolmen de granito testigo de milenios de ocupación humana.

Difíciles comunicaciones que ya relatara un viajero del siglo XVIII: "[desde Campo] principia otra vez a estrechar el Monte para formar otra garganta peor que la anterior, que llaman el Paso de Agua Salens [Aiguasallenz]. Este paso es nuevo como de dos siglos, pero están tan abandonados los pretiles que se hicieron para formarlo, que no solo se pasa con peligro, sino que han sucedido desgracias repetidas precipitándose hombres y animales en el río. [...] Al cabo de una subida de hora y media por cima de la peña viva y escurridiza para evitar seguir por la garganta, y de una bajada pequeña, se llega al lugar de Seira. Este lugar es solo memorable por la concurrencia en primavera y verano de los gallegos a trabajar cucharas de boj, que abunda en esta tierra y ellos llevan a vender a Castilla y a su tierra."

Sin embargo, a lo largo de la Edad Media este rincón fue famoso por el monasterio de San Pedro de Tabernas, documentado ya en el año 839. Se cuenta que en el siglo VIII el obispo de Zaragoza huyó ante el ataque de los musulmanes y se refugió en San Pedro de Tabernas, llevando consigo las mejores reliquias de la sede zaragozana. Del antiguo monasterio, que tuvo una relevante importancia histórica, no queda más rastro que una iglesia levantada en el siglo XVI a medio camino de Seira a Barbaruens.

El dolmen de Seira o de San Nicolau

El camino está señalado desde Seira viejo, sigue 700 m por la carretera a Barbaruens; toma una pista forestal que baja hasta un canal que cruza el barranco, se pasa por un puente cercano que empalma con una senda paralela al río, hasta el dolmen, en unos 25 min. Es interesante ver que está construido con grandes bloques de granito, en una zona en la que las rocas son calizas. Hace 5000 años buscaron, seleccionaron y transportaron las piedras más duras que conocían con la idea de que la obra perdurara en el tiempo.

Ribera del Baliera

La Ribera del Baliera, también conocida como valle de Castanesa se encuentra al este del valle de Benasque, compartiendo montañas en las divisorias con Sarllé - Cerler y Vallibierna. Su pico más alto es la Tuca de Vallibierna, de 3062 m, conocida en Benás como Tuca de les Culebres, en Castanesa como Roca Bllanca y en el pueblo de Aneto como Tuca de Vallibierna.

Se llega desde Benás siguiendo la carretera N-260 de Castilló de Sos a Laspaúls. Tras Laspaúls el Coll de Espina marca el tránsito entre las riberas del Isábena y el Baliera. Desde el mismo collado, a la izquierda, se accede a Nerill, de Nerill por pista forestal se desciende al caserío de **Ardoné o Ardanué**, con pequeña iglesia románica decorada al estilo lombardo. Pasado Ardoné está otro caserío, el de Llaúnes o Llagunas, desde el que se desciende a la ribera. Ya en carretera, a la izquierda valle arriba está el núcleo de Ribera, y sobre él Denuy. Toca volver sobre nuestros pasos, por la carretera del fondo del valle, hasta el desvío a Castanesa. Sube por la ladera y pasamos sobre Ardanuy antes de llegar a **Castanesa**.

Tiene dos barrios, entre ambos está la iglesia de San Martín, de orígenes románicos, ampliada entre los siglos XVI y XVIII. El barrio alto merece un paseo, la iglesia de la Virgen de la Nova, románica, es de bella factura.

Más allá de Castanesa resta Fonchanina, último pueblo del valle. De vuelta, pasado Ardanuy tomaremos el desvío que a la izquierda nos acerca a Erbera y Benifons, entre los dos una carretera nos permite descender de nuevo a la ribera. Una vez abajo, seguiremos la carretera a la izquierda y saldremos a la N-260 en **Noals**. Destaca la Casa Llibernal, con torre circular defensiva. Desde aquí toca volver subiendo al Coll de Espina por la carretera nacional, a la derecha según salimos de Noals. A media subida, colgado sobre el valle, está **Señiu**, del que se dice que no se puede entrar ni por tierra ni por agua ni por aire... sino por roca.

Graus

Graus es la capital de la comarca de la Ribagorza, Su casco histórico fue declarado Conjunto Histórico-Artístico en 1975. Está a 60 km de Benás y es paso normal de subida hacia el valle.

Al oeste de la carretera se encuentran la calle Salamero y la calle Barranco, zona comercial y de paseo desde el monumento a Joaquín Costa, prócer de la política aragonesa, a los restos de la muralla, más arriba, junto a la Plaza Mayor. A ésta se entra por calles cubiertas, está en parte porticada y cuenta con algunas fachadas decoradas de pinturas. Recorriendo el casco histórico se pueden admirar algunas casas palacio, como las de Mur, Solano, Oliván, Oncino, Fantón o Torquemada. Sobre la población y bajo la montaña se levanta la Basílica de la Virgen de la Peña, de origen románico, con elementos góticos y carácter general renacentista. Hay una ruta senderista circular que pasa por la Basílica y recorre lo alto de la Peña del Morral que domina la población. Va hasta la ermita de San Pedro subiendo a la izquierda de la Basílica y desciende de nuevo a Graus por la iglesia de San Miguel. Cuesta recorrerla algo menos de 2 h y acumula un desnivel de 250 m. (Más información "Ermita de San Pedro" en *www.senderos.turismograus.com*).

Oficina de turismo: Plaza Mayor, 15. Tel. 974 540 874.
www.turismograus.com

Roda de Isábena

Roda de Isábena está en el valle del río Isábena. Podemos llegar desde Graus por la carretera A-1605, o si partimos de Benás, por la carretera a Espés, antes de Laspaúls, según se ha explicado más arriba.

Si vamos desde Graus, pasaremos por Llaguarres, para llegar a Roda al cabo de 25 km. Si nos acercamos por Espés, descenderemos por el río Isábena pasando el Congustro de Obarra que sale sobre el monasterio de Santa María de Obarra, excepcional edificio de estilo románico lombardo. Al sur pasaremos las Farrerías de Calvera, Serraduy, la Poblla o Puebla de Roda y Roda, a 60 km. de Benás (La vuelta es de 86 km si vamos por Graus, 60 km por Torre la Ribera y Campo).

Roda de Isábena fue la primera capital del Condado de Ribagorza, nacido en el siglo IX, y en consecuencia cuenta con una catedral, consagrada en el año 956. En 1006 los musulmanes la destruyeron y se reedificó en estilo románico por un maestro lombardo llamado Bradila. Se volvió a consagrar la catedral en el año 1030, alcanzando su cénit en el siglo XII con San Ramón como obispo. En el siglo XVIII se añadieron el pórtico, la torre y el coro. Queda un monumento extraordinario, la más antigua catedral aragonesa, con claustro, cripta y un curioso restaurante situado en el refectorio. Tras la catedral está el Palacio del Prior, del siglo XVI y la base de la Torre Gorda, una torre defensiva levantada en el siglo XI (*https://sketchfab.com*). El resto de la población está bien conservado, con calles estrechas, casas de piedra y pasadizos, todo ello rodeado por un recinto amurallado.

Oficina de turismo: Aparcamiento de la entrada. Tel. 974 544 403. Estacional. www.isabena.es/turismo

Restaurante Ansils

*C. General Ferraz, 6. Tel. 974 551 150. contacto@restauranteansils.com. **Ansils / Anciles**.* Cocina elaborada, menú degustación. *https://restauranteansils.com.*

Dos vueltas al plato (Casa Tous)

*C.C. Els Pllans d'Ansils, 6. Tel. 974 551 088. **Ansils / Anciles**.* Comida tradicional aragonesa. *www.restaurante-casa-tous.es.*

El Fogaril (Hotel Ciria)

*Av. Los Tilos. Tel.974 551 612. **Benás**.* Cocina altoaragonesa de gran calidad, guisos de caza, setas. *www.hotelciria.com.*

El Diente de León (Hotel Avenida)

*Av. Los Tilos. tel. 974 551 126. **Benás**.* Platos tradicionales y alguna nota exótica. *www.hotelavenidabenasque.es.*

Casa Roldán

*Plaza Mayor, 6. **Benás**.* Platos tradicionales y alguna nota exótica. *https://es.restaurantguru.com.*

El Llinadet

*C Las Plazas, 10. Tel 619 645 446. **Benás**.* Bar de tapas.

El Pilar

*Av. Francia, 67. Tel. 974 551 263. **Benás**. .*

Asador Ixarso

*C. San Pedro, 12. Tel. 974 552 057. **Benás**.* Carnes y pescados a la brasa. Cocina tradicional. *www.facebook.com.*

La Brasa (Llibrada Hotel)

*Av. Francia, 1. Tel. 974 551 211. **Benás**.* Estupenda terraza exterior. *https://llibradahotel.com.*

La Parrilla

*Carretera Francia. Tel. 974 551 134, bostariz@hotmail.com **Benás**.* Cocina tradicional del valle y elaborada. *www.facebook.com.*

La Fuenroya (Hotel Hospital de Benasque)

Hospital de Benasque. Tel. 974 552 012 / 608 536 053. **Benás**. Menú diario con una gran variedad de platos. *www.llanosdelhospital.com.*

Mesón de Benás

C. Mayor, 49. Tel. 692 189 030 **Benás**. Braseria típica del Pirineo aragones, con cordero, ternera y vaca del valle. *www.mesondebenas.com.*

Rincón del Foc

Paseo de Eriste, 6. Tel. 974 551 611. **Benás**. Carnes del valle y platos tradicionales. *http://rincondelfoc.com.*

Sayo

C. Mayor, 13. Tel. 610 808 393. **Benás**. Gastronomía tradicional con un toque contemporáneo. *https://restaurantesayo.com.*

Taberna del Ixarso

C. San Marsial, 16. **Benás**. Bar de tapas y comida rápida. .

El Veedor de Viandas

Av. Los Tilos, 6. Tel. 974 551 185. **Benás**. Tapas, restaurante y tienda de vinos. *www.facebook.com.*

El Pucherico

C. Mayor, 13. Tel. 974 551 348. **Benás**. Menús con una buena cantidad de platos para elegir.

Turpi (Hotel Turpi)

Carretera de Francia, km. 69,5. Pllan de Turpi. En el inicio del Sendero botánico. Tel. 974 344 002. **Benás**. Bar, cafetería y restaurante con buffet. *www.turpi.com.*

La Llardana

Camino San Antón. Tel 974 551 687. **Benás**. Cocina tradicional y magnífica terraza con una vista panorámica al valle. *http://lallardanabenasque.com.*

La Cumbre "Sabor a Galiza"

Av. Francia, 32. Tel. 974 353 907. **Benás**. Tapas gallegas y variedad de cervezas. *https://lacumbrebenasque.com.*

Bombardino Benasque

C. Los Huertos, s/n. reservas@bombardinobenasque.com.
Benás. Restaurante de la cadena Barceló, con buenos vinos, platos sencillos y música de fondo.
https://bombardinobenasque.com.

Les Someres

C. Los Huertos, 20. Tel. 974 551 576. **Benás.** Pizzas artesanas y hamburguesas. *www.facebook.com.*

Pizzería La Tea

C. San Marcial, 14. Tel. 974 551 328. **Benás.** Pizzas y especialidades italianas.

Pizzería MammaMia

C. Las Escuelas, 1. Tel. 974 111 211. **Benás.** Pizzas y hamburguesas. *www.facebook.com.*

La Sidrería

C. Los Huertos, 7. Tel. 974 551 292. **Benás.** Tapas y platos emblemáticos como la fabada. *www.facebock.com.*

Hot Chili Grill

Av. Francia, 10. Tel. 974 551 680. **Benás.** Restaurante de comida rápida.

Casa Javier

Calle Única. Tel. 974 344 250. **Bisagorri / Bisaurri.** Cocina tradicional y vanguardista elaborada con productos locales. *www.casajavier.com.*

Pájaro Loco (albergue)

C. Ral, 50. Tel. 974 553 516 - 686 792 644. **Castilló de Sos / Castejón.** Ensaladas y postres caseros en una agradable terraza. *www.pajaroloco.net.*

Diamó

C. Ral, 45. Tel. 974 553 016. **Castilló de Sos / Castejón.** Cafetería, restaurante y bodega en un espacio de cuidado diseño. *www.restaurantediamo.com.*

Hotel Pirineos

C. Ral, 36. Tel. 974 553 251. **Castilló de Sos / Castejón.** Comida tradicional y casera en un acogedor invernadero. *www.hotelpirineos.es.*

Casa Chongastán

*Calle Carretera, s/n. Tel 974 553 200. **Chía**.* Ternera criada de manera natural en su explotación y productos del huerto recién cogidos. *http://chongastan.com.*

La Bruyxa

*C. El pago, 5. Tel. 669 702 302. **Laspauls / Laspaúles**.* Bar familiar con comida casera y productos de la zona.

Restaurante Laspaúles (camping)

*Ctra. N-260, km 369. Tel. 675 501 076. **Laspauls / Laspaúles**.* Agradabe terraza y una cálida chimenea en invierno. Menú diario, de fin de semana e infantil. *www.laspaules.com/es.*

Food Truck Casa Farreloro

*San Feliu de Veri. Bisaurri. Tel. 606 875 019. **Laspauls / Laspaúles**.* Una *food truck* con hamburguesas, chuletones, longanizas y menu diario para llevar o comer allí mismo. *https://casafarreloro.com.*

Albergue de Liri

*C. Baja, 13. Tel. 677 377 880. **Llire / Liri**.* Albergue con bar-cafetería a 1300 m de altura. Terraza con vistas al Turbón y Gallinero. *www.facebook.com.*

El Rincón

*Plaza de la Iglesia. Tel 974 551 584. **Sarllé / Cerler**.* Brasería, carnes a la brasa, sopas, potajes. *www.cerler.info.*

La Borda del Mastín

*C. Obispo. Tel. 974 551 207. **Sarllé / Cerler**.* Productos de la zona: patés aragoneses, ternasco al horno, carnes de buey y de vaca a la brasa. *https://labordadelmastin.webador.es.*

La Solana (Casa Cornel)

*C. Obispo, 11. Tel. 974 551 102. **Sarllé / Cerler**.* Productos autóctonos regados con una extensa carta de vinos. *https://casacornel.com.*

La Picada

*C. Obispo, 3. Tel. 974 552 100. **Sarllé / Cerler**.* Carnes de la zona, setas de temporada, caracoles. *www.cerler.info.*

Chiñella

*Paseo de Ardonés. Tel. 974 286 511. **Sarllé / Cerler.*** Bocadillos, platos combinados, paellas y fideuas. *www.cerler.info.*

La Cabana

*Paseo de Ardonés. Tel. 974 551 433. **Sarllé / Cerler.*** Pizzas, baguettes calientes, ensaladas y platos combinados. *https://lacabanacerler.com.*

El Paralelo

*Av. de la Estación, 5. Tel. 974 352 313. **Sarllé / Cerler.*** Bar restaurante típico de montaña. *www.cerler.info.*

El Candil

*Edificio Aster. Tel. 974 552 045. **Sarllé / Cerler.*** Cocina casera, brasa, guisos. A la carta, menú del día y bar con platos combinados. *https://elcandildecerler.webador.es.*

Planet 81

*Paseo Ardonés. Tel. 974 552 826. **Sarllé / Cerler.*** Pizzas y hamburguesas. *www.cerler.info.*

Círculo Recreativo

*Carretera, 25. Tel. 974 553 467. circulorecreativo.seira@gmail.com. **Seira.*** Asociación sin ánimo de lucro, con bar abierto al público. *www.facebook.com.*

Restaurante Villanova

*Camino La Viña, 8. Tel 634 757 056. **Bilanoba / Villanova.*** Salón con chimenea y terraza.

Casa Arcas (hotel)

*Carretera A-139, km 51, Tel. 974 553 378. **Bilanoba / Villanova.*** Cocina de temporada con tres menús diferentes y un gran variedad de platos. *https://hotelvalledebenasque.com.*

OFICINAS DE TURISMO

Benás. *Calle del Horno, 19. Tel. 974 551 289.* *www.turismobenasque.com.*

Castilló de Sos - Castejón. *Av. El Ral, 41 (Ayuntamiento). Tel. 974 553 845. turismo@castejondesos.es.*

Graus. *Plaza Mayor, 15. Tel. 974 540 874.* *www.turismograus.com.*

Grist / Eriste. *Oficina de Turismo de Eriste, Sahún y Eresué. Carretera de Benasque, junto a las piscinas de Grist. Tel. 722 679 417.*

Roda de Isábena. *Aparcamiento de la entrada. Tel. 974 544 403.*

Sarllé / Cerler. *Plaza Nueva, bajos. Tel. 974 551 289.*

DATOS ÚTILES | Dónde dormir

REFUGIOS DE MONTAÑA GUARDADOS

• **Refugio de Estós o del Cantal**. *Tel. 974 344 515. info@refugiodeestos.com.* **Benás**. *www.alberguesyrefugios.com.*

• **Refugio Ángel Orús o El Forcau**. *Vall de Grist. Tel 974 344 044. info@refugioangelorus.com.* **Grist / Eriste**. *www.alberguesyrefugios.com.*

• **Refugio La Renclusa**. *Vall de Benás. Tel. 974 344 646. refugiorenclusa@hotmail.com.* **Benás**. *www.alberguesyrefugios.com.*

CAMPINGS

• **Camping Los Baños**. *Carretera de Francia, km. 69,5. Pllan de Turpi. En el inicio del Sendero botánico. Tel. 974 344 002.* **Benás**. *www.turpi.com.*

• **Camping Aneto**. *Carretera A-139, km 63'5. Tel. 974 551 141.* **Benás**. *www.campinganeto.com.*

• **Camping Alto Ésera**. *Camino Vedau. Tel. 974 553 456. camping@alto-esera.com.* **Castilló de Sos / Castejón**. *www.facebook.com.*

• **Camping Laspaúles**. *Carretera N-260, km 369. Tel. 675 501 076.* **Laspauls / Laspaúles**. *www.laspaules.com.*

• **Camping La Borda de Arnaldet**. *Carretera A-139, km 52. Tel. 682 441 056. camping@arnaldet.com.* **Bilanoba / Villanova**. *https://arnaldet.com.*

ALBERGUES

• **Albergue Pájaro Loco**. *C. Ral, 50. Tel. 974 553 516 - 686 792 644. alberguepajaroloco2016@yahoo.com.* **Castilló de Sos / Castejón**. *www.pajaroloco.net.*

• **Albergue de Liri**. *C. Baja, 13. Tel. 677 377 880 / 677 377 880. laplanadeliri@gmail.com.* **Llire / Liri**. *www.facebook.com.*

• **Albergue El Run**. *C. La Fuente. Tel. 974 553 872.* **El Rú / El Run**. *www.alberguepirineos.es.*

• **Albergue Velarta**. *Camino Albergue. Tel. 647 760 090.* **Bilanoba / Villanova**. *www.alberguepirineos.com.*

TURISMO RURAL

Hay una amplia red de casas, apartamentos y hoteles rurales en toda la comarca. Se pueden consular en:

⇒ **Comarca de La Ribagorza.** *Plaza Mayor, 17.* **Huesca.** *Tel. 974 540 385.* *https://turismoribagorza.org.*

⇒ **Turismo Verde.** *Av. Sudiera, 24 Bajo 2.* **Ainsa.** *Tel. 974 240 941. www.turismoverde.es.*

⇒ **Asociación Turística Valle de Benasque.** *Calle San Sebastián, 5.* **Benasque.** *Tel. 974 552 880. www.benasque.com.*

HOTELES

• **Hotel Selba d'Ansils***.** *Carretera de Anciles, km 1. Tel. 974 552 054.* **Ansils / Anciles.** *www.hotelselbadansils.com.*

• **Hotel Ciria***.** *Av. Los Tilos, 13. Tel. 974 551 612.* **Benás.** *www.hotelciria.com.*

• **Hotel Aragüells**.** *Av. Los Tilos, 16. Tel. 975 551 619.* **Benás.** *https://hotelaraguells.com/.*

• **Hotel Hospital de Benasque***.** *Camino real de Francia. Tel. 608 536 053.* **Benás.** *www.llanosdelhospital.com.*

• **Hotel Turpi**.** *Carretera de Francia, km. 69,5. Pllan de Turpi. En el inicio del Sendero botánico. Tel. 974 344 002.* **Benás.** *www.turpi.com.*

• **Hotel Llibrada**.** *Av. Francia, 1. Tel. 974 551 211.* **Benás.** *https://llibradahotel.com.*

• **Hostal Parque Natural*.** *Carretera de Francia. Tel. 974 344 584.* **Benás.** *www.hostalparquenatural.com.*

• **Hotel San Marsial***.** *Av. de Francia, 75. Tel. 974 551 616. sanmarsial@hotelsanmarsial.com.* **Benás.** *www.hotelsanmarsial.com.*

• **Hotel El Pilar*.** *Av. Francia, 67. Tel. 974 551 263.* **Benás.** *www.hotelelpilarbenasque.com.*

- **Hotel La Neu*****. *C. Villacamapa, 6. Tel. 974 552 119*. **Benás**. *https://laneuhotel.es*.
- **Hotel Avenida***. *Av. Los Tilos, 14. Tel. 974 551 126*. **Benás**. *www.hotelavenidabenasque.es*.
- **Hostal Casa Marsal**. *C. Mayor, 24. Tel 679 954 973*. **Benás**. *https://casa-marsal.aragonhotelsweb.com*.
- **Hotel Solana***. *Plaza Mayor, 5. Tel. 974 551 019*. **Benás**. *www.hotelsolanabenas.com*.
- **Hotel San Antón*****. *Paseo de Eriste, 6. Tel. 974 551 611*. **Benás**. *https://hotelsananton.es*.
- **Vallibierna Hotel*****. *Camino Campalets. Tel. 974 551 084*. **Benás**. *https://vallibiernahotel.com*.
- **Sommos Hotel Aneto******. *Av. Francia, 4. Tel 974 551 061*. **Benás**. *www.sommoshoteles.com*.
- **Sommos Hotel Benasque Spa*****. *Paseo de Ansils, 5. Tel. 974 551 011*. **Benás**. *www.sommoshoteles.com*.
- **Hotel Plaza****. *Plaza del Pilar, 6. Tel. 974 553 050*. **Castilló de Sos / Castejón**. *www.hotelplazavalledebenasque.com*.
- **Hotel Pirineos****. *C. Ral, 46. Tel. 974 553 251*. **Castilló de Sos / Castejón**. *www.hotelpirineos.es*.
- **Hotel Diamó*****. *C. Valle Sositana, 13. Tel. 974 553 990*. **Castilló de Sos / Castejón**. *www.hoteldiamo.com*.
- **Aparthotel Castejón de Sos*****. *C. La Roqueta, 4. Tel 974 553 271*. **Castilló de Sos / Castejón**. *www.apartahotelcastejondesos.com*.
- **Hostal Sositana**. *C Valle Sositana, 2. Tel. 696 910 429*. **Castilló de Sos / Castejón**. *www.sositana.com*.
- **Hostal Miranda**. *C. El Ral, 68. Tel. 974 553 222*. **Castilló de Sos / Castejón**.
- **Hostal Casa Francho**. *C. El Pago. Tel. 669 702 302*. **Laspaúls / Laspaúles**. *www.hostalcasafrancho.com*.
- **Hotel Casa Rosita****. *Carretera de Benasque. Tel. 974 551 307*. **Grist / Eriste**. *www.casarosita.com*.
- **Hotel Eriste****. *Carretera de Benasque. Tel. 974 551 514*. **Grist / Eriste**. *www.hoteleriste.com*.
- **Hotel Tres Picos***. *Carretera Benasque. Tel. 974 551 305*. **Grist / Eriste**. *www.hoteltrespicos.net*.

• **Hotel Casa Cornel*****. *C. Obispo, 11. Tel. 974 551 102.* **Sarllé / Cerler**. *https://casacornel.com.*

• **Hotel Areulo****. *C. La Fuente, 5. Tel. 974 551 748.* **Sarllé / Cerler**. *www.areulo.com.*

• **Evenia Monte Alba*****. *1 Parcela, C-F, 60. Tel. 974 551 136.* **Sarllé / Cerler**. *https://es.eveniahotels.com.*

• **HG Cerler*****. *Calle F, 1, Parcela 60. Tel. 974 552 955.* **Sarllé / Cerler**. *www.hghoteles.com.*

• **Hotel Casa Chuldian*****. *Carretera A-139, km 54,6. Tel. 974 552 967.* **Saunc / Sahún**. *https://hotelsahun.com.*

• **Hostal Lacreu**. *Plaza Mayor, 4. Tel. 974 551 335 / 623 325 804.* **Saunc / Sahún**. *https://casalacreu.com.*

• **Hostal Casa Secretario**. *Carretera Benasque, Tel. 974 344 252.* **Saunc / Sahún**. *www.casasecretario.com.*

• **Hotel Sesué*****. *Av. Molsa, 24. Tel. 974 553 310.* **Sesué**. *www.hotelsesue.com.*

• **Hotel Casa Arcas*****. *Ctra A-139, km 51. Tel. 974 553 378.* **Bilanoba / Villanova**. *https://hotelvalledebenasque.com.*

• **Hotel Apartamentos Barrau***. *Carretera de Benasque. Tel. 606 168 536.* **Bilanoba / Villanova**. *www.barrau.es.*

• **Hotel La Casa del Río*****. *Carretera de Benasque, km 49,9. Tel. 974 554 718 / 618 150 017.* **Bilanoba / Villanova**. *https://lacasadelrio.com.*

PARQUE NAT. POSETS-MALADETA

⇒ **Centro de Interpretación de Benás**. Av. Francia. Tel. 974 552 066 - 976 070 000. Benás.

⇒ **Red Natural de Aragón**. *www.rednaturaldearagon.com.*

⇒ **Red de Espacios Naturales Protegidos**. *www.aragon.es.*

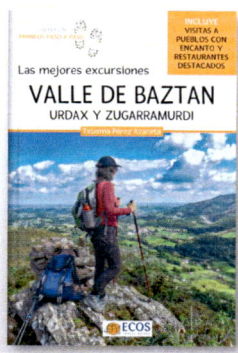
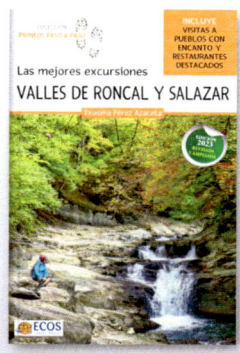
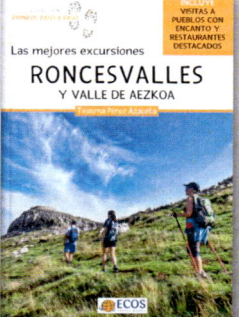
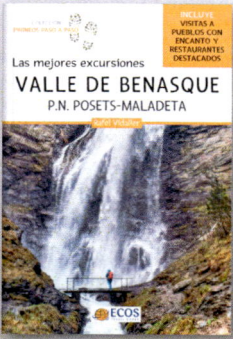
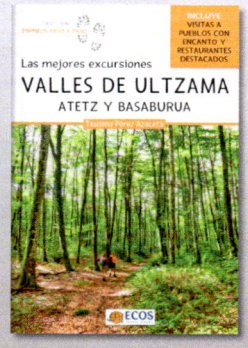

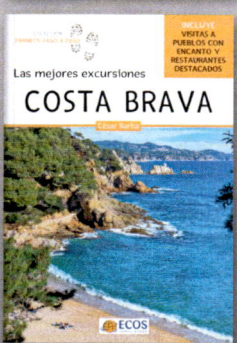
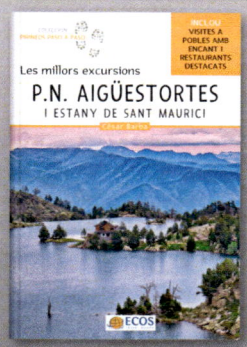

Primera edición: marzo de 2024

© Ecos Producciones Periodísticas SCP, 2024

© **Textos**: Rafel Vidaller

© **Fotografías**: Rafel Vidaller, José Vidaller, Mar Palacín e Ixeia Vidaller

© **Cartografía**: Ecos Travel Books y Footpathapp

www.guiasecos.com

ISBN: 9788419713162

Si tienes algún comentario o información que enriquezca los contenidos de esta guía, o simplemente quieres contarnos tu experiencia en el Valle de Benasque, puedes escribirnos al e-mail: pirineos@ecosediciones.com